Martha Schad

# **Augsburg kompakt**

## Tourist-Information

Die Tourist-Information am Rathausplatz hält viele Prospekte, Pläne und Ratschläge bereit.

Öffnungszeiten:
Mo-Fr 9-18 Uhr
(Nov.-März 9-17 Uhr),
Sa 10-17 Uhr, So 10-15 Uhr

Bibliografische Information der Deutschen Nationalbibliothek

Die Deutsche Nationalbibliothek verzeichnet diese Publikation in der Deutschen Nationalbibliografie; detaillierte bibliografische Daten sind im Internet über http://dnb.d-nb.de abrufbar.

ISBN 978-3-89639-832-1

Aktualisierte Neuauflage. Redaktion: Michael Friedrichs.
Druck: Joh. Walch Augsburg. © Wißner-Verlag Augsburg 2011

## 👁 **Anschauen!**

Wer diese Attraktionen nicht gesehen hat, war nicht wirklich in Augsburg:

- 👁 1 Rathaus
- 👁 2 Augustusbrunnen
- 👁 3 Perlachturm
- 👁 4 Fuggerei
- 👁 5 Der Hohe Dom (kath.)
- 👁 6 St. Ulrich und Afra (kath.)
- 👁 7 Ulrichskirche (ev.)
- 👁 8 St. Anna-Kirche (ev.)
- 👁 9 Augsburger Puppenkiste
- 👁 10 Maximilianmuseum

### 👁 **1   Rathaus**

Rathausplatz. Geöffnet: täglich 10–18 Uhr. Eintrittskarten für den Goldenen Saal im Shop im Eingangsbereich des Rathauses.

Das Augsburger Rathaus ist der bedeutendste Renaissancebau des Augsburger Stadtwerkmeisters Elias Holl (1573–1646). Er schuf den wohl majestätischsten Rathausbau im europäischen Raum.

Die **Fassade** erreicht eine Höhe von 44 m bis zur Spitze des Giebeldreiecks auf der Westseite, während die Ostseite durch den Geländeunterschied 52 m (über Platzniveau) misst. Die Höhe des Rathauses bis zu den beiden Turmspitzen beträgt 65 m.

In den Luftangriffen vom 26. auf den 27. Februar 1944 wurde das Rathaus bis auf die Außenmauern zerstört. Im Mai 1947 feierte man zum zweiten Mal Richtfest. Die Sanierung der Rathausfassaden konnte 1955, im Jahr der 1000-Jahr-Feier der Schlacht auf dem Lechfeld, beendet werden. Von 1980–1984 wurde eine Generalsanierung des Rathauses und des Perlachturms vorgenommen.

Zur 2000-Jahr-Feier der Stadt Augsburg war die erste Stufe der Wiederherstellung des Goldenen Saales abgeschlossen. Die weitere Sanierung war im April 1990 abgeschlossen.

Über dem Hauptportal der **Westfassade** steht die Inschrift: PUBLICO CONSILIO / PUBLICAE SALUTI / MDCXX (dem öf-

fentlichen Rat, dem öffentlichen Wohl, 1620).

Den First des Dreiecksgiebels bekrönt das Augsburger Stadtsymbol, die Zirbelnuss.

An der Ostfassade befindet sich das ursprünglich aus dem gotischen Rathaus stammende Steinrelief: Zwei „wilde Männer" bewachen das Augsburger Stadtsymbol, die Zirbelnuss. Auf dem Spruchband steht: CHRISTI TIBI GLORIA / IN AUGUSTA RHAETICA / URBE VERE REGIA (= Dir, Christus, gebührt der Ruhm in Augsburg, der wahrhaft königlichen Stadt).

Im Erdgeschoss des Rathauses und im ersten Obergeschoss des Mitteltrakts liegen die beiden dreischiffigen Hallen des Unteren und Oberen Fletzes, darüber der drei Geschosse einnehmende Goldene Saal, noch höher die sog. Modellkammer.

Den Goldenen Saal umgeben vier Fürstenzimmer, die als kleine Repräsentationsräume genutzt werden.

Der **Goldene Saal** ist 32,65 m lang, 17,35 m breit und 14,22 m hoch. Die Ausstattung des Bildprogramms im Goldenen Saal wird von zwei Leitmotiven bestimmt: dem „Kaisergedanken" und dem „Moralgedanken". Die Ideen zum Bildprogramm stammen von Matthäus Rader SJ, die Skizzen fertigte Peter Candid (1548–1628), und mit der Innenausstattung und Bemalung war der Augsburger Stadtmaler Matthias Kager (1575–1634) beauftragt. Die prächtige Decke des Saales war von Elias Holl mit 27 Ketten an dem hölzernen Dachstuhl aufgehängt worden. Heute sind die Kassetten an einer Stahlsteindecke befestigt.

Die **Gemälde der Decke:** Die zehn Tafeln mit Grotesk-Ornamentik wurden von dem Augsburger Kunstmaler Hermenegild Peiker neu gemalt. Das 24 qm große Mittelovalbild zeigt die „Sapientia" (= Weisheit). Der Wahlspruch auf dem Band: „PER ME REGES REGNANT" (= durch mich herrschen die Herrscher) weist darauf hin, dass die Weisheit die wichtigste Tugend der Herrschenden sein soll.

Köstlich sind die kleinen Putten mit den Blumengirlanden in den gemalten Fensterumrahmungen.

Der beeindruckende Prachtsaal mit einer brillanten Lichtführung aus 60 Fenstern dient heute der Stadt Augsburg zu Repräsentationszwecken.

Ursprünglich versammelten sich im Goldenen Saal alljährlich zu Beginn der Sitzungsperiode die 300 Mitglieder des „Großen Rates". Anlässlich der 1653 in Augsburg stattfindenden Wahl Ferdinands IV. zum König wurden die Abgesandten der Kurfürsten in den Amtsstuben und den Fürstenzimmern des Rathauses „einlogiert".

Seit dem Jahr 2001 befinden sich in einem kleinen Raum in der südöstlichen Ecke der prächtigen Eingangshalle Gedenktafeln mit den Namen der im Nationalsozialismus umgekommenen jüdischen Bürger.

Seit 2007 gibt es in einem Seitenraum in der Eingangshalle einen Tastraum für Blinde und Sehende: „2000 Jahre Stadtgeschichte zum Anfassen". Bronzeabgüsse von wichtigen Fundstücken und Kunstwerken lassen sich befühlen – eine Zeitreise durch 2000 Jahre Augsburger Geschichte.

### 👁 2    Augustusbrunnen

Rathausplatz

Der Augustusbrunnen wurde in den Jahren 1588 bis 1594 nach Modellen des Bildhauers Hubert Gerhard von Stadtgießer Peter Wagner gegossen.

Der Brunnen besteht aus Marmor und Bronze. Die Figur des Kaisers ist ca. 2,50 m hoch und wiegt 27 Zentner. Der Kaiser ist als etwa fünfzigjähriger Mann dargestellt. Die Geste der erhobenen Rechten ist die der „adlocutio", der feierlichen Ansprache an das Heer. Ein Lorbeerkranz bekränzt das Haupt des Kaisers; Lorbeer als Zeichen des Ruhmes, der Ehre, Ruhe und des Friedens. Auf dem Waffenrock sind Reliefs zu sehen, die die Eigenschaften eines Kaisers versinnbildlichen sollen: Löwenköpfe als Zeichen der Stärke; Delphine mit Dreizack als Zeichen des raschen Entschlusses; Tritonen – Mischwesen aus Fisch und Mensch.

Die Inschriften an diesem Brunnen, ursprünglich aus eingelegten Metallbuchstaben, wurden 1749 durch feuervergoldete Inschriftentafeln ersetzt. Die erste Inschrift ist Kaiser Augustus, dem Gründer und Wohltäter der Stadt, gewidmet. Die zweite Inschrift bezieht sich auf Kaiser Rudolf II., in dessen Regierungszeit die Aufstellung des Brunnens fällt, die dritte Tafel spricht von

👁 **3 Perlachturm**

Rathausplatz. Geöffnet: 1. Mai bis Mitte Oktober 10–18 Uhr. www.augsburg.de

Der Perlachturm hatte wohl ursprünglich die Funktion eines Wachturmes. Der noch heute erhaltene Unterbau stammt aus der Zeit um 1060. Der Turm wurde 1410 auf 36 m, 1527 auf 63 m und 1614 bis 1616 auf 70,4 m erhöht. Die letzte Aufstockung erfolgte durch Elias Holl, da 1615 die Ratsglocke, die sich ursprünglich im alten gotischen Rathaus befand, auf den Perlachturm kam.

Zur 2000-Jahr-Feier der Stadt wurde in

den Turm ein Glockenspiel eingebaut. Es erklingt täglich um 11, 12, 17 und 18 Uhr mit Melodien von Wolfgang Amadé Mozart und Volksliedern. Jedes Jahr am Michaelstag (dem 29. September) ist in einem Fensterbogen des unteren Teils des Perlachturms eine Michaelsfigur zu sehen, die bei allen Stundenschlägen auf den am Boden liegenden Teufel einsticht. Diese mechanische Figurengruppe geht auf das Jahr 1526 zurück, als Christoph Murmann d. J. dieses Werk schuf. Die im Krieg zerstörte Gruppe wurde

dem Gründungsjahr der römischen Kolonie und dem katholischen Bürgermeister Johannes Welser.

Die vier Wassergottheiten auf dem Beckenrand des Brunnens stellen die Flüsse Lech, Brunnenbach, Singold und Wertach dar. Der längste und älteste Fluss, der **Lech**, symbolisiert Schifffahrt, Jagd, Wald und Fischreichtum – seine Symbole sind ein Kranz aus Tannenzapfen, Wolfsfell und Ruder, das Schilfgräser, Krebs und Fische zieren. Auf den Fischfang weist der mit Eichenlaubkranz, Netz und Fisch verzierte **Brunnenbach** hin. Die **Singold**, mit krönchenartigem Kopfschmuck und auffallendem Halsschmuck, trägt in ihrer Linken ein von seltenen Früchten überquellendes Füllhorn und in ihrer Rechten eine wundervoll verzierte Kanne. Sie steht für edle Gewerbe, Garten- und Goldschmiedekunst. Die **Wertach** mit Ährenkrone, Ähren und Zahnradviertel symbolisiert den Ackerbau, die Mühlen, Hämmer- und Pumpwerke.

Ein Meisterwerk der Schmiedekunst ist das von Georg Scheff 1594 geschaffene Brunnengitter

1949 ersetzt. Im Volksmund wird der Erzengel Michael das „Turamichele" genannt.

Auf den Perlachturm führen 258 Stufen. Von oben hat man einen schönen Rundblick über die 2000-jährige Stadt bis zu den Alpen.

### 👁 4   Fuggerei

Haupteingang Jakoberstraße. Geöffnet: April–Sept. 8–20 Uhr, Okt.–März 9–18 Uhr. Eintritt 4 € (inkl. Museum). www.fugger.de

Die Fuggerei gilt als die älteste noch bestehende Sozialsiedlung der Welt und zählt zu den touristischen Hauptattraktionen in Augsburg.

Jakob Fugger der Reiche und seine beiden Brüder Ulrich und Georg sind die Stifter dieser religiös motivierten Siedlung für schuldlos Verarmte. 1516 wurde mit dem Bau der Wohnungen begonnen, der Stiftungsbrief datiert von 1521. 1523 standen 52 Häuser zur Verfügung.

Die Fuggerei wurde im Zweiten Weltkrieg stark zerstört. Bis 1955 dauerten die Wiederaufbaumaßnahmen, wobei man die Fuggerei noch um ein Drittel vergrößerte. Der Unterhalt der Fuggerei wird nahezu ausschließlich aus den Mitteln der Fuggerschen Stiftungen ohne staatliche, kommunale oder kirchliche Zuschüsse bestritten. Das Stiftungsvermögen ist in Forsten, Landwirtschaft und Immobilien angelegt. Wer in die Fuggerei aufgenommen werden möchte, soll einen guten Leumund besitzen, Augsburger Bürger sein, Bedürftigkeit nachweisen können und der katholischen Kirche angehören.

Die Vergabe einer „Gnadenwohnung" erfolgt auf unbestimmte Zeit. Eine wesentliche Gegenleistung hierfür ist das tägliche Gebet für die Stifter und Wohltäter der Fuggerei. Die Gebete sind im Stiftungsbrief festgeschrieben: das Vaterunser, das Credo, das Ehre sei dem

Vater und das Ave Maria. Die Jahresmiete für eine etwa 60 qm große Dreizimmerwohnung beträgt ursprünglich 1 Rheinischen Gulden, heute 88 Cent. Zusätzlich sind die in Mietwohnungen üblichen monatlichen Nebenkosten aufzubringen. In den 140 Wohnungen der 67 Fuggerei-Häuser leben derzeit rund 150 Personen.

Das **Fuggereimuseum** in der Mittleren Gasse Nr. 14 erschließt den Besuchern die Wohnsituation in der Vergangeneit. Eine Wohnung in Haus Nr. 13 zeigt den baulichen Zustand von etwa 1520.

In der Mittleren Gasse 14 wohnte von 1681 bis 1693 der Augsburger Maurer Franz Mozart, der Urgroßvater des Wolfgang Amadé Mozart.

In dem Eckhaus unmittelbar am Brunnen befindet sich das „Himmlische Fuggerei-Lädle", ein Café und Laden mit Souvenirs und Literatur über die Fugger und Augsburg.

1581 ließen Markus und Philipp Eduard Fugger von Hans Holl, dem Vater Elias Holls, die **Markuskirche** erbauen. Am südlichen Volutengiebel ist Jakob Fuggers Wahlspruch „Nütze die Zeit" mit den beiden Fuggerlilien zu sehen.

Der 1943 gebaute **Fuggereibunker** ist als Museum eingerichtet, in dem über die Geschichte der Fuggerei zwischen 1933 und 1973 informiert und die Zerstörung im Krieg veranschaulicht wird.

Die Fuggerei ist von einer „**Stadtmauer**" mit vier Toren umgeben. Der Zugang wird um 22 Uhr geschlossen.

### 👁 5   Der Hohe Dom (kath.)

Hoher Weg, 5 min. vom Rathaus. Besichtigung: außerhalb der Gottesdienste täglich.

An der Stelle des heutigen Doms stand schon in vorkarolingischer Zeit ein größerer Kirchenbau. Bischof Simpert ließ 807 dort einen Bau weihen, der durch die Ungarneinfälle stark beschädigt

und von Bischof Ulrich wieder instandgesetzt wurde.

Als 994 die Westmauer dieses Domes einstürzte, stellte Bischof Liutold das Gotteshaus wieder her. Seit dieser Zeit dient der Dom als Bischofsgrablege.

Bischof Heinrich II. begann um 1060 mit einem Domneubau, den sein Nachfolger, Bischof Embrico, 1065 weihte. Aus dieser Zeit stammen auch die beiden mächtigen Domtürme, die 1150 aufgestockt wurden.

Der romanische Bau war eine heute noch im Kern erhaltene dreischiffige Basilika. Ab 1320 ließ der Domkustos Konrad von Randeck den Dom im gotischen Stil umbauen. Das Langhaus wurde eingewölbt und auf fünf Schiffe erweitert. Von 1356 bis 1431 zog sich der Anbau eines Ostchores hin. Im „Bildersturm" der Reformationszeit wurde ein Teil der Inneneinrichtung des Doms zerstört. Die barocke Ausstattung ließ Bischof Pankraz von Dinkel (1811–1894) zugunsten einer neugotischen Dekoration entfernen. 1934 gelang Prof. Toni Roth eine Wiederherstellung der mittelalterlichen Domfassung, 1983/84 erfolgte eine Gesamtrestaurierung des Doms.

Das 1343 datierte **Nordportal** trägt die skulpturale Ausstattung der frühen Parlerzeit. Die Originale des Tympanons und der Gewändestatuen sind im Innern des Doms geborgen.

Das südliche **Marienportal,** das größte Kirchenportal des 14. Jahrhunderts in Süddeutschland, wurde um 1356 von einer Bildhauergruppe der Parler ausgestaltet. Das Bogenfeld illustriert in Reliefreihen das Marienleben, darüber das „Jüngste Gericht". Am Mittelpfeiler des Portals steht eine majestätische „Madonna mit dem Jesusknaben".

**Das Innere des Doms:**

In der südlichen Mittelschiff-Hochwand sind die berühmten **Prophetenfenster** zu sehen, deren Datierung um 1140 anzusetzen ist. Dargestellt sind: Jona, Daniel, Hosea, David und Moses. Diese höchst bedeutenden Zeugnisse der deutschen Hochromanik bilden den ältesten erhaltenen figürlichen Glasgemäldezyklus der Welt. An der südlichen und westlichen Hochwand je ein gemalter Fries aus dem 11. Jahrhundert.

An der Westwand des südlichen Seitenschiffes fällt das 14,5 m hohe **Fresko des hl. Christophorus** von 1491 auf. Beeindruckend auch das farbenprächtige „Marienthron-Glasfenster", eine Verherrlichung der Maria als Himmelskönigin, um 1350. Am Südpfeiler des Westchors befindet sich ein **Wandfresko,** das die „Drei frommen Frauen" zeigt, die mit Salbgefäßen zum Grab des Herrn gehen (1430). Es schimmert ein älteres Fresko durch, das den „Schmerzensmann" erkennen lässt.

Den Aufgang zum **Westchor** verschließt ein schmiedeeisernes Gitter von 1656. Im Chorhaupt ist die „Cathedra", der **Bischofsstuhl,** ein von zwei Löwen

flankierter Marmorsessel aus der Zeit um 1000. Die gemeißelten Chorschranken schuf Burkhart Engelberg im Jahre 1510. Der Hochaltar mit einem Aufsatz aus Erzguss entstand 1447; Chorgestühl und Hängeleuchter stammen aus spätgotischer Zeit.

Die **Krypta** unter dem Westchor dient heute als neue Grablege der Augsburger Bischöfe. Den älteren, westlichen Teil der Krypta bildet eine Vierstützenanlage des 1065 geweihten Doms.

Die jüngere östliche vierschiffige Krypta wurde im 12. Jahrhundert angelegt.

An der West- und Nordwand im nördlichen Querarm des Domes finden wir die 1591 begonnene **Bildnisreihe aller Augsburger Bischöfe**. Sie beginnt mit dem Jahr 296 und dem legendären Bischof Dionys.

In der Mitte des Querschiffs erhebt sich ein **Hochgrab**, die Tumba des Bürgerpaares Konrad und Afra Hirn. Sie waren die Stifter der Goldschmiedekapelle bei St. Anna.

Vom nördlichen Seitenschiff gelangt man in die **Marienkapelle**, die 1988 in der Originalausstattung der frühen 18. Jahrhunderts wiederhergestellt wurde. Die Marienkapelle war als Trauungskapelle sehr beliebt. Mittelpunkt der Marienkapelle ist eine durch Jahrhunderte als Gnadenbild verehrte Madonna mit dem Kind (aus Sandstein) von etwa 1330.

Im nördlichen Seitenschiff des Doms befindet sich das **Marienfenster** (Verkündigung, Geburt Christi und Marienkrönung) von Peter Hemmel von Andlau, 1490. Hier ist auch der Zugang zum spätgotischen **Kreuzgang**, der von 1285 bis 1805 als Grablege diente, mit über 400 Grabplatten und Epitaphien. Die **Hochaltargruppe** schuf 1962 Prof. Josef Henselmann – eine Bronzegruppe „Christus am Kreuz" und die „Zwölf Apostel" zu beiden Seiten.

Die **Holbeinbilder an den östlichen Freipfeilern** zeigen: Rechts westlich: „Joachims Opfer" mit der Nebenszene „Joachim bei den Hirten". Links westlich: „Mariens Geburt" mit der Nebenszene „Begegnung Joachims und Annas an der Goldenen Pforte".

Links östlich: „Mariens Tempelgang" mit der Nebenszene „Begegnung von Maria und Elisabeth". Rechts östlich: „Beschneidung Jesu" mit der Nebenszene „Mariens Krönung".

**Brunnenanlage vor dem Dom:**

An der Südrampe des Ostchores des Doms befindet sich seit 1986 ein beeindruckender Brunnen, das letzte Werk des Bildhauers Prof. Josef Henselmann (1898–1986). Über einem dreischenkligen Brunnenbecken stehen die Bistumspatrone St. Afra, St. Simpert und St. Ulrich.

Bischof Ulrich, hoch zu Ross, mit dem Kreuz in der erhobenen rechten Hand, wird als Verteidiger der Stadt Augsburg während der Lechfeldschlacht im Jahre 955 dargestellt. Sein Attribut, der Fisch, ist im Sockel dargestellt.

Die hl. Afra, die den Feuertod erleidende Märtyrerin, ist an einen Baumstamm gefesselt, an dem Flammen empor-

züngeln. Bischof Simpert wird als der Beschützende gezeigt, der seine Hände über das von einem Wolf unversehrt zurückgebrachte Kindlein hält.

### 👁 6   St. Anna-Kirche (ev.)

Annastraße. Geöffnet Di–Sa 10–12:30, 15–18 Uhr, Sonntag 10–12:30, 15–17 Uhr. „Lutherstiege" geöffnet: Di–So 10–12 und 15–17 Uhr.
www.st-anna-augsburg.de
siehe auch Luther, Fugger

1275 bestätigte Bischof Hartmann den Liebfrauenbrüdern den Kauf von Haus und Grundstück, 1321 war Baubeginn der Annakirche an der heutigen Stelle. 1420 wurde die Goldschmiedekapelle angebaut. 1506 bis 1510 entstand im Westen der Kirche die Heiliggrabkapelle und 1508 bis 1518 als Westchor die Fuggerkapelle. 1747/48 wurden Mittel- und Seitenschiffe barockisiert. Die Kirche wurde im Februar 1944 schwer beschädigt. Die Renovierungsarbeiten waren 1974 abgeschlossen.

Der heutige Turm der Kirche, der ohne Fundament auf den Kirchenmauern sitzt, stammt vom Augsburger Stadtbaumeister Elias Holl, 1602.

Eine Gedenktafel erinnert an die feierliche Unterzeichnung der „Gemeinsamen Erklärung zur Rechtfertigungslehre" zwischen der römisch-katholischen Kirche und dem lutherischen Weltbund, die hier am 31.10.1999 stattgefunden hat.

In die Kirche gelangt man durch den im Kern noch gotischen **Kreuzgang** des ehemaligen Klosters, der Gedenksteine und Grabplatten des ausgehenden Mittelalters bis zum Klassizismus beherbergt. Für die Gesamtkirche St. Anna wurden 2908 Grablegungen ermittelt. Hier ist auch der Aufgang zur **Lutherstiege**.

Der **Altar im Ostchor** der Kirche aus der Werkstatt des Kunstschreiners Wilhelm Vogt, Memmingen, wurde 1898 aufgestellt. In der Predella des Altars sieht man das von Lukas Cranach d. Ä. um 1531 geschaffene Werk „Christus segnet die Kinder"; links vom Altar an der Wand die Porträts von Martin Luther, datiert 1529, und von Kurfürst Johann Friedrich von Sachsen, beide aus der Werkstatt von Lukas Cranach d. Ä.; rechts Maria mit Kind, Schule Lucas Cranachs.

Der Kronleuchter ist eine Augsburger Arbeit von 1682. Die wertvollen Gemälde im Ostchor stammen u. a. von Christoph Amberger und Jörg Breu d. Ä.

Die reich geschnitzte Kanzel stammt von Heinrich Eichler, Lippstadt, 1683. Der **Kanzelengel** mit Palmzweig, Posaune und dem Buch mit 7 Siegeln stammt von dem Ulmer Bildhauer Johann Ulrich Hurdter. Er ist Gerichts-, Friedens- und

Jubelengel und war das Motiv für die Sonderbriefmarke zum 450. Jubiläum des Augsburger Religionsfriedens.

In der Brüstung der Südempore befindet sich ein auf Leinwand gemalter Bilderzyklus der Passions- und Ostergeschichte von Johann Spillenberger und Isaak Fisches d. Ä., 1686. Unter der Empore hängt das Porträt des Schwedenkönigs Gustav II. Adolph, der 1632 nach der kampflosen Einnahme der Stadt Augsburg in der St. Anna-Kirche an einem Gottesdienst teilnahm.

**Fuggerkapelle:** siehe unter Fugger.

Den Abschluss gegen die Kirche bildet eine rekonstruierte Brüstung aus toskanischen Säulen. Auf der Brüstung sitzen fünf vollplastisch gearbeitete **Putten**, an Kugeln gelehnt. Sie werden Hans Daucher um 1530 zugeschrieben.

Als ein Werk von europäischem Rang gilt die freistehende **Marmoraltargruppe** „Der Leichnam Christi, dargeboten zur Beweinung", Hans Daucher zugeschrieben (um 1512–1517). Ein mit Lorbeer bekränzter Engel hält den Leib des vom Kreuz abgenommenen Christus, Maria und Johannes halten die von den Wundmalen gezeichneten Hände des Gekreuzigten.

Südlich vom Fuggerchor finden wir die 1510 fertig gestellte **Heiliggrab-Kapelle**, mit einer Nachbildung der Grabeskirche zu Jerusalem.

**Goldschmiedekapelle:** Nördlich parallel zum Ostchor befindet sich die von den Eheleuten Chunrat und Afra Hirn aus Dankbarkeit für eine überstandene Pestzeit 1420 gestiftete Kapelle, die nach dem Tod des Stiftereehepaares in den Besitz der Augsburger Goldschmiede überging. Von hohem kunstgeschichtlichem Wert ist die Freskenbemalung, der der Gedanke der Pilgerschaft zugrunde liegt. Das Hochgrab des Stiftereehepaars befindet sich heute im nördlichen Querhaus des Westchores im Dom.

### ☞ 7  Viermetzhof im Maximilianmuseum

Philippine-Welser-Straße 24 . Geöffnet: Di 10–20 Uhr, Mi–So 10–17 Uhr. Eintritt frei im Viermetzhof . Siehe auch Maximilianmuseum.

Im glasüberdachten Hof des Maximilianmuseums, dem Viermetzhof, ist das einzigartige Ensemble der Brunnen der Maximilianstraße – Augustus, Merkur und Herkules – im Original ausgestellt. Sie können den Rang als Weltkulturerbe beanspruchen.

Im Jahr 2000 fand hier die große Ausstellung „Augsburgs Glanz – Europas

Ruhm" zu Ehren des berühmten Künstlers Adriaen de Vries (1556–1626) statt. Die von diesem Künstler und von Hubert Gerhardt geschaffenen Bronzen der Monumentalbrunnen auf der Maximilianstraße wurden zu diesem Zweck restauriert und in das Maximilianmuseum verbracht; die Originale wurden durch Nachgüsse ersetzt. Zum Schutz der Bronzen wurde der Hof neu gestaltet und mit einem sich selbst tragenden Tonnengewölbe aus Glas überdacht. Für den Umbau des 2006 wiedereröffneten Museums kamen hohe Zuwendungen des Bankiers und gebürtigen Augsburgers Kurt Viermetz und seiner Gattin.

Die Figur des Kaisers **Augustus** wurde in den Jahren 1588 bis 1594 nach Modellen des Bildhauers Hubert Gerhard von Stadtgießer Peter Wagner gegossen. Die Figur des Kaisers ist ca. 2,50 m hoch und wiegt 27 Zentner. Der Kaiser ist als etwa fünfzigjähriger Mann dargestellt. Die Geste der erhobenen Rechten

ist die der „adlocutio", der feierlichen Ansprache an das Heer. Er trägt einen Lorbeerkranz als Zeichen des Ruhmes, der Ehre, Ruhe und des Friedens.

**Merkur** als Gott des Handels soll auf die Bedeutung der Stadt als Handelsmetropole aufmerksam machen. Die zweieinhalb Meter hohe Brunnengruppe wird dominiert von Merkur, der einen Schlangenstab (Zeichen des Glücks und Friedens) in der rechten Hand hält und auf dem Kopf einen geflügelten Helm trägt. Der geflügelte Amorknabe, mit einem Bogen ausgestattet, scheint dem Gott den geflügelten Schuh zu lösen oder zu binden.

Der **Herkulesbrunnen** wurde in den Jahren 1597 bis 1600 von Adriaen de Vries modelliert, und von Wolfgang Neidhart in Augsburg gegossen. Die auf einer starken Standplatte stehende, drei Meter hohe Bronzegruppe zeigt den Prototypus aller Helden, den muskulösen, nackten Herkules mit der Siegerbinde in den Haaren. In seiner Hand hält er eine Flammenkeule, um das siebenköpfige, geschuppte und geflügelte Ungeheuer, die Hydra, zu erschlagen. Nach der Sage benötigte Herkules die Flammenkeule, um die Wurzeln der abgeschlagenen Köpfe zu versengen und die Hydra so zu hindern, neue Köpfe hervorzutreiben.

Dargestellt ist auf diese Weise der Sieg des Menschen über die wilde Kraft des Wassers und die Macht des Feuers.

Die drei Brunnen der Maximilianstraße – Augustusbrunnen, Merkurbrunnen und Herkulesbrunnen – bilden eine Trias, die die drei Stände der Reichsstadt anspricht: den Herren-, Kaufmanns- und Handwerkerstand. Der Herkulesbrunnen schließt das Handwerk ein, da dieses vor allem auf die Zähmung des vielarmigen wilden Wassers und die Hilfe des Feuers, auf die Überlegenheit des menschlichen Erfindergeistes über

die feindlichen Kräfte der Natur angewiesen war, da doch die Augsburger Handwerksbetriebe großenteils von der Wasserkraft der Kanäle abhingen.

### 👁 8   St. Ulrich und Afra (kath.)

Ulrichsplatz. Geöffnet: täglich 7–12 und 14–18 Uhr; Vorraum mit Blick in die Kirche 7–18 Uhr. Von Ostersonntag bis Ende der Sommerzeit: So und Feiertag 14 Uhr Führungen durch Basilika und Heiltumskammer. www.ulrichsbasilika.de

Das **Benediktinerkloster** St. Ulrich und Afra ist aus einem Klerikerstift unter Ansiedlung von Tegernseer Reformmönchen hervorgegangen. Als Gründungsjahr gilt 1006.

Das Ende der 800-jährigen Klostergeschichte kam mit der Säkularisation. Versuche, das Kloster wieder zu beleben, scheiterten am Widerstand Bayerns und der Reichsstadt Augsburg. Das Kloster wurde zur Kaserne umgewandelt und im Zweiten Weltkrieg fast völlig zerstört.

Den heutigen Kirchenbau hatte 1467 Meister Valentin Kindlin begonnen. Nach einem Einsturz des Neubaus infolge Unwetters an Peter und Paul 1474 wurde 1477 Burkhard **Engelberg** beauftragt; ihm folgte 1514 Hans König nach. Kaiser Maximilian I. legte 1500 den Grundstein für den Chorneubau. 1612 waren Bau und Ausstattung des dreischiffigen, siebenjochigen Langhauses vollendet. 1946–52 und 1987–90 wurde die Kirche restauriert. Eine Heiltumskammer ist seit 2004 im sogenannten Musizell zu sehen (Kirchenschatz und Ulrichsreliquien).

Drei prachtvolle, goldglänzende Altarbauten (21 bzw. 23,5 m hoch) füllen den Chorraum. Die **Altäre** schuf der Schnitzer Hans Degler aus Weilheim, die Fassung und Bemalung der Vorder- und Rückseiten stammen von Elias Greither d. Ä. Die Altäre wurden 1607 geweiht.

Hans Degler schuf auch die prächtige **Kanzel**.

Der **nördliche** (linke) **Seitenaltar** ist der hl. Afra geweiht. Die Hauptszene des Altars zeigt das Flammenwunder des Pfingsttages, darüber die Feuermarter der hl. Afra.

Um die hl. Afra ranken sich mehrere Legenden. Eine davon berichtet, dass die von der Insel Zypern stammende Königin Hilaria mit ihrer Tochter Afra in die Stadt Augsburg verschlagen wurde.

Der um 304 in Augsburg weilende Bischof Narzissus von Gerona bekehrte das junge Mädchen zum christlichen Glauben. Als Afra vor dem römischen Richter Gajus standhaft jeden Götzendienst verweigerte, band man sie auf einer Lechinsel an einen Pfahl und verbrannte sie.

Der **rechte** (südliche) **Seitenaltar** ist der Ulrichsaltar. Das Hauptthema des Altars bildet die Auferstehung Christi, das Ostergeschehen. In der Bekrönung eine Darstellung des Wunders bei der Messe des hl. Ulrich, seitlich davon der hl. Benedikt und dessen Schwester, die hl. Scholastika.

Der hl. Ulrich (um 890 bis 4.7.973) war von 923 bis zu seinem Tode Bischof in Augsburg. Während der Zeit der Ungarneinfälle ließ er Augsburg durch einen Mauerring umgeben. Bevor es zu der epochalen Schlacht auf dem Lechfeld am 10. August 955 kam, wurde das von den Ungarn belagerte Augsburg durch den Einsatz Bischof Ulrichs gehalten. 993 wurde er im ersten offiziell eingeführten Heiligsprechungsverfahren zur Ehre der Altäre erhoben.

Der hl. Ulrich wird stets mit einem Fisch als Attribut dargestellt. Eine Erklärung dafür gibt eine Legende aus dem 14. Jahrhundert: Bischof Ulrich

und Bischof Konrad von Konstanz saßen einst an einem Donnerstagabend beim Mahl und diskutierten bis in den Freitag hinein. Am Freitagmorgen kam ein Bote des Bayernherzogs. Ulrich gab ihm als Botenlohn ein Stück von dem Fleisch mit, das noch vom Abend vorher auf dem Teller lag. Zu Hause prangerte nun der Bote die beiden Bischöfe an, weil sie das Fastengebot verletzt hätten. Als Beweis zog er die Wegzehr hervor, die er von Ulrich geschenkt bekommen hatte. Aber das Fleisch hatte sich inzwischen in einen Fisch verwandelt. Dieses „Fischwunder" hat Hans Holbein d. Ä. in einem Flügel des Katharinenaltars gemalt, der in der Staatsgalerie Altdeutsche Gemälde zu sehen ist.

Der **Hochaltar** zeigt in der Hauptszene die Menschwerdung Christi in der Weihnacht und ist dem hl. Narzissus geweiht. Somit sind in den drei großartigen Altären des Chores drei Feste des Kirchenjahres – Ostern, Pfingsten und Weihnachten – dargestellt.

Nördlich und südlich der Seitenaltäre ist der Zugang zur **Unterkirche**. Im nördlichen Kuppelraum befindet sich der spätantike Steinsarg der hl. Afra. Im südlichen Kuppelraum, ausgestaltet im Geschmack des Rokokos, steht das aus Marmor gemeißelte Tumbagrabmal mit der Liegefigur des hl. Ulrich, geschaffen von Placidus Verhelst, 1762/65.

Im **rechten Seitenschiff** des Langhauses befinden sich 4 Reihenkapellen: Die Georgs-, Andreas- und Benediktuskapelle wurden im 16. Jahrhundert als Grabkapellen für das gräfliche Haus Fugger errichtet. Die **Andreaskapelle** und die westwärts folgende **Simpertkapelle** besitzen eine gemeinsame Schranke aus mehrfarbigem Marmor. Diese wird geziert von den Fuggerschen Wappenlilien und der Wappenrose der Reichsgräfin Sibylla von Eberstein, der Gemahlin von Markus Fugger; beide ruhen in der Andreaskapelle. Auf der Schranke stehen dreizehn Terrakotta-Statuen des Florentiners Carlo Pallago: Christus und die zwölf Apostel.

Die Simpertkapelle ist Grablege des 807 verstorbenen hl. Simpert, der als ein Neffe Karls des Großen gilt.

Das Gehäuse der Hauptorgel an der Westwand (1608) entwarf Matthias Kager, der 1618 auch die beiden großen Bildflügel malte. Die Orgel ist über die

„Mozartstiege" zugänglich. Das Lilienwappen weist auf eine Schenkung des Hauses Fugger hin.

### 👁 9 Ulrichskirche (ev.)

Ulrichsplatz 11. Geöffnet: Mai bis Sept. Mo–Do 10:30–16:30 Uhr, Fr–Sa 10:30–12:30, So 12:30–17:30 Uhr. www.evangelisch-stulrich.de

Die ev. Ulrichskirche wurde nach umfangreichen Restaurierungsarbeiten im Mai 2007 wieder eröffnet.

Die Abteikirche des reichsfreien Benediktinerstiftes St. Ulrich und Afra war von einem Ring kleinerer Kirchen und Kapellen umgeben. Das „Predigthaus zu St. Ulrich", die jetzige evangelische Kirche, bildete dabei den größten Anbau, in den 1457 die Gemeindekirche wegen des Umbaus des großen Gotteshauses verlegt wurde. Das Predigthaus diente Wallfahrern als Kaufstätte und reichen Augsburger Bürgern als Grablege. Die nach Norden offenen Arkaden wurden zugemauert.

Bald nach Luthers Thesenanschlag 1517 in Wittenberg hielt die Reformation in der Ulrichsgemeinde Einzug. Im Dreißigjährigen Krieg wurde die Kirche von 1635 bis 1648 geschlossen, nach dem Westfälischen Frieden aber den evangelischen Christen zurückgegeben.

Schon vor dem Dreißigjährigen Krieg wurde der schlichte Saal von 38 m Länge und 17 m Breite in eine evangelische, gleichermaßen auf Altar und Kanzel ausgerichtete Kirche umgestaltet. 1693 schuf Daniel Scheppach den **Altar**. Das Altarblatt von Johann Heiss zeigt das „Letzte Abendmahl".

Unter der „Himmelfahrt" von E. Ph. Thoman an der Kanzelwand hängen zwei großartige Spätwerke des Malers Johann Heiss: „Die Geißelung" und „Die Dornenkrönung". Die Emporen sind mit 26 Szenen aus der Heilsgeschichte geschmückt. Sie wurden von Franz Fried-

rich Franck in rembrandtscher Farbigkeit gemalt.

**Stuckdecke**: Die eigenartig flach gewölbte Kirche zeigt eine der feinsten Stuckverzierungen evangelischer Kirchen. Die Dekoration ist beste Ornamentik der Regence-Zeit. Von dem Goldschmied Abraham Drentwett stammt der Entwurf für die Dekoration, ihre Ausführung von dem Augsburger Stuckateur Matthias Lotter, 1710.

### 👁 10 Augsburger Puppenkiste

Spitalgasse 15, beim Roten Tor. Öffnungszeiten Die Kiste: Di–So 10–19 Uhr; Kassenschluss 18 Uhr (auch für Buchung Führungen), ☎ 450345-0. Kartenbestellung: ☎ 450345-40. Frühzeitig buchen – meist ausverkauft! www.augsburger-puppenkiste.de

Das Heilig-Geist-Spital, das letzte Bauwerk des Stadtwerkmeisters Elias Holl, errichtet in den Jahren 1623 bis 1631, ist in seiner schlichten Architektur von städtebaulicher Bedeutung. Die Vierflügelanlage diente als Altersheim, in das man sich einkaufen konnte. Eine kleine Krankenanstalt stand damals zur Versorgung der Insassen zur Verfügung.

In den Mittelteil der Erdgeschosshalle

SPIELPLAN DER AUGSBURGER PUPPENKISTE

| | | | | |
|---|---|---|---|---|
| Dienstag | 03.04.07 | 15.00 Uhr | AUSVERKAUFT | Rumpelstilzchen |
| Mittwoch | 04.04.07 | 15.00 Uhr | AUSVERKAUFT | Rumpelstilzchen |
| | | 19.30 Uhr | | Don Giovanni u. d. steinerne Gast |
| Donnerstag | 05.04.07 | 15.00 Uhr | AUSVERKAUFT | Rumpelstilzchen |
| | | 19.30 Uhr | | Don Giovanni u. d. steinerne Gast |
| Samstag | 07.04.07 | 15.00 Uhr | AUSVERKAUFT | Rumpelstilzchen |
| | | 19.30 Uhr | | Don Giovanni u. d. steinerne Gast |
| Sonntag | 08.04.07 | 14.00 Uhr | AUSVERKAUFT | Rumpelstilzchen |
| | | 16.00 Uhr | AUSVERKAUFT | Rumpelstilzchen |

OEHMICHENS MARIONETTEN-THEATER

des denkmalgeschützten Heilig-Geist-Spitals zog 1948 das Marionettenthe-ater „Augsburger Puppenkiste" von Rose und Walter Oehmichen ein. Die „Augsburger Puppenkiste" ist durch Fernsehaufzeichnungen international zu einem Wahrzeichen Augsburgs ge-worden.

Nach einem Umbau entstand im glei-chen Haus im Oktober 2001 ein **Muse-um „Die Kiste"**, das die von allen Kin-dern geliebten Stars an Fäden in ihrer „natürlichen Umgebung" zeigt.

# ⚲ **Bemerkenswert**

„Was, das soll's hier geben?" Die folgenden Attraktionen kennen 9 von 10 Augsburgern auch nicht:

## ⚲ 1 **Tastraum**

im Rathaus

Seit 2007 gibt es in einem Seitenraum in der Eingangshalle ein Angebot für Blinde und Sehende: „2000 Jahre Stadtgeschichte zum Anfassen". Bronzeabgüsse von wichtigen Fundstücken und Kunstwerken lassen sich betasten und berühren – eine Zeitreise durch 2000 Jahre Augsburger Geschichte.

## ⚲ 2 **Bildnis der Glasschneiderin**

im Maximilianmuseum

Über die Frauen und ihre beruflichen Möglichkeiten im 18. Jahrhundert weiß man wenig. Aber im Maximilianmuseum hängt ein schönes Porträt von Frau Sabine Brander, 1780.
Georg Friedrich Brander (1713–1783) war ein europaweit bekannter Präzisionsmechaniker. Er führte die Instrumentenmacherkunst in Augsburg zu neuer Blüte (1737 erstes Spiegelteleskop in Deutschland). Im Museum sind einige Werke ausgestellt.
Ein Bild zeigt Brander im Alter von 67 Jahren. Hinter ihm steht ein Gerät zur Messung des Neigungswinkels, unter dem die Feldlinien des Erdmagnetfeldes

in die Erde eintauchen.

Das zweite, daneben hängende Bild zeigt seine Frau Sabine, geb. Thenn. Sie wird nicht als passive Schönheit oder Hausfrau dargestellt, sondern als tätige und hochqualifizierte Handwerkerin. Wir sehen sie beim Schneiden von Deckelgläsern aus dem Segment einer Glaskugel. Das Interesse des Malers Sebastian Weygandt an präziser Detaildarstellung ist beachtlich.
Das Bild würdigt damit als seltenes Zeugnis die arbeitende Frau im 18. Jahrhundert.

## ⚲ 3 **Bücherschrank**

im Hofgarten am Fronhof, geöffnet von Anfang April bis Ende Oktober täglich 8–21 Uhr.

Im Sommer lädt im Hofgarten am Fronhof ein offener Bücherschrank der Müller-Spengler-Stiftung zu gemütlicher Lektüre ein. Man nimmt einfach ein verlocken-

des Buch heraus und stellt es nach dem Schmökern wieder zurück.

Der Hofgarten gehörte zur früheren bischöflichen Residenz. Er wurde 1740 angelegt. Die Barockzwerge nach Jacques Callot stammen möglicherweise aus dem Schloss Mirabell bei Salzburg. Sie sollen karikierte Hofschranzen darstellen.

## 4 Kanzelengel

in der Kirche St. Anna, Annastraße

Der Kanzelengel steht in der Kirche St. Anna – nicht leicht zu entdecken – oben auf der Kanzel. Am besten sieht man ihn von der Empore, die aber nicht immer zugänglich ist.

Die reich geschnitzte Kanzel stammt von Heinrich Eichler, Lippstadt, 1683. Der Kanzelengel mit Palmzweig, Posaune und dem Buch mit 7 Siegeln wurde zur gleichen Zeit geschaffen von dem Ulmer Bildhauer Johann Ulrich Hurdter. Er ist zugleich Gerichts-, Friedens- und Jubelengel. Er war das Motiv für die Sonderbriefmarke zum 450. Jubiläum des Augsburger Religionsfriedens 2005.

## 5 Synagoge

Halderstraße 8. Geöffnet Di, Do, Fr 9–16 Uhr, Mi 9–20 Uhr, So 10–17 Uhr. Führungen: 513658. www.jkmas.de

Die Augsburger Synagoge gilt als eine der schönsten in Deutschland. 1914-1917 nach den Plänen von Fritz Landauer und Heinrich Lömpel errichtet, hat die Augsburger Synagoge die NS-Zeit überdauert, wenn auch im Innern verwüstet und zweckentfremdet.

Der Gebäudekomplex veranschaulicht

in Form und Ausstattung die jüdische Renaissance vom Anfang des 20. Jahrhunderts und belegt mit vielen Ausstattungsdetails die religiös-liberale Haltung der Erbauergemeinde.

Die 2006 neu eingerichtete Dauerausstellung dokumentiert die reiche Kultur und wechselvolle Geschichte der Juden in Augsburg und Schwaben seit dem Mittelalter bis heute. Den Höhepunkt des Museumsrundgangs bildet der Blick von der Frauenempore aus in die Synagoge.

## 6 Kräutergärtlein

innerhalb des Roten Torwalls

Im ehemaligen Stadtgraben der Rote-Tor-Wallanlage ist 1983 nach historischem Vorbild das „Augsburger Kräutergärtlein" entstanden. Auf dieser rund 1800 qm großen Gartenanlage dürfen die angepflanzten Gewürz-, Küchen- und Heilkräuter selbst gepflückt werden. Auf mehreren kleinen, mit Bux eingefassten Beeten gedeihen etwa 20 verschiedene Nutzkräuterarten. Die Gartenanlage ist besonders reizvoll zur Rosenblüte, wenn die Rosenzüchtung „Fuggerstadt Augsburg" ihren Duft verströmt.

*Mozarts Abschied von seinem „Bäsle" in Augsburg 1777*

## ♫ Mozartstadt

Augsburg ist die einzige deutsche Mozartstadt. Zahlreiche Veranstaltungen über das ganze Jahr ermöglichen immer wieder frische musikalische Begegnungen mit Mozarts Musik auf hohem Niveau. Darüber hinaus gibt es vielfältige Angebote von Vorträgen und anderen Veranstaltungen. Auch die Mozart-Führungen mit kostümiertem „Bäs-

le" erfreuen sich großer Beliebtheit.
Aus dem bayerischen Schwaben stammten die ersten bekannten Vorfah-

ren Mozarts, erstmals erwähnt 1331 im Urkundenbuch des Klosters Oberschönenfeld.

Der Ur-Urgroßvater des Komponisten, der Maurer David Mozart, erwarb das Bürgerrecht in der Reichsstadt (1671 Zunftmeister des Augsburger Maurerhandwerks).

Hans Georg Mozart, Leopolds Großonkel, wurde Werkmeister am Augsburger Domkapitel. Er errichtete ein Gebäude im Augustiner-Chorherrenstift St. Georg und ein Bürgermeisterhaus in der Maximilianstraße.

Wolfgangs Urgroßvater Franz zog 1681 in die Fuggerei. Sein Sohn Johann Georg wurde Buchbindermeister, und er konnte die ältesten Söhne auf das Jesuitengymnasium St. Salvator schicken. Sein Sohn Leopold, der Vater Wolfgangs, wurde im heutigen Mozarthaus geboren.

### ♫ 1 Mozarthaus

Frauentorstr. 30. Geöffnet Di-So 10-17 Uhr;
Audioguide auf Deutsch, Englisch, Japanisch.
www.regio-augsburg.de

Das Mozarthaus zeigt in einer Ausstellung die Geschichte der Familie. Hier wurde **Leopold Mozart**, der Vater

von Wolfgang Amadé, 1719 geboren. Leopold war Komponist und Vizekapellmeister, seine 1756 veröffentlichte „Violinschule" machte ihn europaweit bekannt. Früh erkannte er die Begabung seines Sohns und bildete ihn zum Komponisten aus.

Die modern gestaltete Ausstellung zeigt Stiche, Bücher, handschriftliche Briefe, Noten und Musikinstrumente.

### ♫ 2 Wohnhaus Hans Georg Mozart

Äußeres Pfaffengässchen 24

Hier wohnte der Barockbaumeister Hans Georg Mozart von 1681 bis zu seinem Tod 1719. Er war Urgroßonkel von Wolfgang Amadé Mozart. Eine große Metallsilhouette auf dem Dach erleichtert das Finden.

### ♫ 3 Wohnhaus des „Bäsle" Marianne Thekla Mozart

Jesuitengasse 26

2008 wurde der 250. Geburtstag des „Bäsle" gefeiert. Die Cousine von Wolfgang Amadé, Marianne Thekla Mozart (1758 – 1841), wird liebevoll „Bäsle" genannt. Um ihre Begegnung mit Wolfgang Amadé 1777 ranken sich zahlreiche Anekdoten, und die pikant-deftigen „Bäslebriefe" schlossen sich an. Ihr Vater Franz Aloys, Bruder von Leopold Mozart, verrichtete neben seiner Tätigkeit als Buchbinder Hausmeisterdienste im Seminar St. Joseph, das dem Jesuitengymnasium St. Salvator angeschlossen war. Daher wohnte die Familie in der Jesuitengasse 26 (heute „Hofgarten-Carrée").

### ♫ 4 Ehem. „Weißes Lamm"

Ludwigstr. 36

Am Haus erinnert eine Gedenktafel an den Aufenthalt von Wolfgang Amadé und seiner Mutter im Oktober 1777. Auf Wunsch des Vaters waren die beiden „beym Lamb in der heil. Kreutzergasse" abgestiegen. Der Gasthof lag nahe bei der Heilig-Kreuz-Kirche und bei der Jesuitengasse, wo der Onkel und das „Bäsle" wohnten.

### ♫ 5 Wohnhaus Franz Mozart

Fuggerei, Mittlere Gasse 14

1681, im Jahr seiner Maurermeisterprüfung, zog Franz Mozart, Urgroßvater von Wolfgang Amadé, mit seiner Familie in das Haus Nr. 14 in der Mittleren Gasse der Fuggerei. Heute erinnert eine Gedenktafel an ihn: Franz Mozart „schenkte mit seinem Urenkel W. A. Mozart der Menschheit den größten Tonschöpfer aus schwäbischem Stamm".

### 🎵 6　Hotel „Drei Mohren"

Maximilianstraße 30

Im Gasthof „Zu den drey Mohren" stiegen die Mozarts 1763 und 1766 ab.

### 🎵 7　Haus von Joh. A. Stein

Ulrichsplatz 10

Der bedeutende Klavier- und Orgelbaumeister Johann Andreas Stein (1728-1792) ist Erfinder des Hammerklaviers. Seine Tochter Nanette wurde Klavierbauerin in Wien.

Am 12. Oktober 1777 besuchte Mozart Stein und spielte zum ersten Mal auf einem modernen Hammerklavier.

Ein zeitgenössisches Gemälde (um 1760), das Johann Andreas Stein beim Orgelstimmen zeigt, ist im Mozarthaus zu sehen.

### 🎵 8　Kleiner Goldener Saal

Jesuitengasse 12

Leopold Mozart war von 1729 bis 1735 Schüler des Gymnasiums St. Salvator. Er hat an zahlreichen Theateraufführungen der Schule mitgewirkt.

Der Kleine Goldene Saal in der Jesuitengasse 12 ist der ehemalige Festsaal des Jesuitenkollegs, 1763 erweitert und ausgestaltet von Johann Michael Feichtmayr als Stuckator und Matthäus Günther als Maler.

Der Saal wird als Konzert- und Vortragssaal genutzt; eine Besichtigung ist im Rahmen von Veranstaltungen möglich.

## 📚　Brechtstadt

Bertolt Brechts Geburtsstadt Augsburg

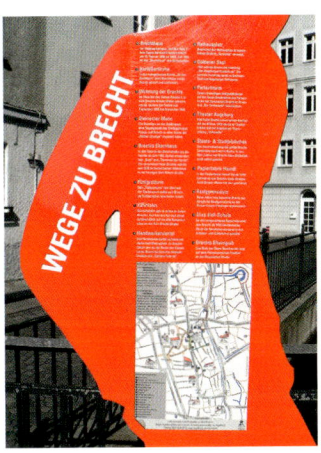

ist heute ein wichtiges Zentrum der Brechtforschung (Brecht-Forschungsstätte der Staats- und Stadtbibliothek). Zahlreiche Veranstaltungen und Publikationen zum Thema Brecht finden auch überregionales Interesse.

Bertolt Brecht (gebürtig: Eugen

Berthold Friedrich Brecht; * 10. Februar 1898 in Augsburg; † 14. August 1956 in Berlin) gilt als einflussreichster deutschsprachiger Dramatiker und Lyriker des 20. Jahrhunderts. Er war der erste Sohn von Sofie geb. Brezing (1871-1920) und Berthold Brecht (1869-1939). Seine Verbundenheit mit Augsburg bestand zeitlebens.

www.bert-brecht.com

### 🥨 1   Brechthaus (Geburtshaus)

Gedenkstätte, Auf dem Rain 7. Geöffnet: Di–So 10–17 Uhr, ☎ 324-2779

Im zweiten Stock dieses Hauses wurde

Eugen Berthold Friedrich Brecht am 10. Februar 1898 geboren. Im Erdgeschoss bestand damals eine Feilenhauerei. Sowohl vor als auch hinter dem Haus verläuft ein Lechkanal.

Seit 1985 beherbergt das Gebäude ein Museum, das auf zwei Stockwerken anhand zahlreicher Originale und zeitgenössischer Fotografien eine intensive Begegnung mit der Persönlichkeit Brechts und seiner literarischen Entwicklung ermöglicht.

### 🥨 2   Barfüßerkirche

Barfüßerstraße; im Kreuzgang Ausstellungstafeln zu Brecht

In der Barfüßerkirche wurde Brecht am 20. März 1898 getauft und am 29. März 1912 von Pfarrer Hans Detzer konfirmiert.

Ein Gemälde an der Südwand zeigt das „Urteil des Salomo" – das Thema der Suche nach der richtigen Mutter behandelte Brecht in seinem Theaterstück „Der kaukasische Kreidekreis" und in der Erzählung „Der Augsburger Kreidekreis".

### 🥨 3   Bei den Sieben Kindeln 1

Gedenktafel

Hier wohnte die Familie Brecht von September 1898 bis September 1900. In diesem Haus wurde der jüngere Bruder Walter Brecht geboren. Wie das Geburtshaus liegt übrigens auch dieses Haus an einem Kanal - Wasser prägte Brechts Jugend.

### ≋ 4  Bert-Brecht-Straße

Gedenktafel

Hierher zog die Familie Brecht im September 1900 (die Frühlingstraße wurde 1966 in Bert-Brecht-Straße umbenannt). Bert Brecht bewohnte bald die Mansarde, die zu einem beliebten Treffpunkt seines Freundeskreises wurde.

### ≋ 5  Kahnfahrt

Am Oblatterwall. Geöffnet von Ostern bis Oktober, tägl. 11–23 Uhr, So und feiertags 10–23 Uhr. www.augsburger-kahnfahrt.de

Die Augsburger Kahnfahrt, ein Familienbetrieb seit 1876, ist heute wie eh und je ein beliebtes Ausflugsziel. Brecht hielt sich oft dort auf.

### ≋ 6  Peutinger-Gymnasium

An der Blauen Kappe 10

In das Peutinger-Gymnasium, damals „Königliches Realgymnasium", ging Brecht von September 1908 bis zum Kriegs-Notabitur im März 1917 zur Schule.

### ≋ 7  Staats- und Stadtbibliothek

Schaezlerstraße 25

Die Staats- und Stadtbibliothek mit ihrer Brecht-Forschungsstätte umfasst eine der weltweit größten Sammlungen zu Brechts Werk.

### ≋ 8  Goldener Saal

Rathausplatz

Der Goldene Saal des Augsburger Rathauses ist einer der Schauplätze von Brechts Erzählung „Der Augsburger Kreidekreis" (1940).

### ≋ 9  Theater Augsburg

Kennedyplatz

Hier machte Brecht seine ersten Theatererfahrungen. Er besuchte viele Vorstellungen, schrieb teils sehr schroffe Theaterkritiken und lernte hier seine erste Frau kennen, die Sängerin Marianne Zoff, .

### ≋ 10  Brecht-Shop

Buchhandlung, Obstmarkt 11

Der weltweit beste Anlaufpunkt für Literatur von und über Bertolt Brecht ist auch Sitz der Redaktion der vierteljährlich erscheinenden Zeitschrift „Dreigroschenheft".

### ≋ 11  Ehem. Gablers Taverne

Am Vorderen Lech 4

„Gablers Taverne", geführt von Wirtsehepaar Christian und Katharina Gabler, wurde von Brecht und Freunden viel besucht in den Jahren 1917–20, es gab auch Kostümfeste.

Das Haus wird derzeit nicht bewirtet.

## ✝ Luther in Augsburg

Luther war zweimal in Augsburg. Sein erster Besuch 1511 war nur ein Zwischenstopp auf der Rückreise von Rom. Dramatisch verlief sein Besuch 1518 mit dem Verhör durch Kardinal Cajetan. Nachfolgend die wichtigsten Augsburger Lutherstätten.

### ✝ 1 Kirche St. Anna mit Lutherstiege

*Annastraße*

Im St. Anna-Kloster wohnte Martin Luther vom 7. bis 20. Oktober 1518. Er war mit dem Prior Johannes Frosch befreundet.

Im Ostflügel des Kreuzgangs ist der Zugang zu der 1983 eingerichteten „Lutherstiege" – einer Ausstellung und Dokumentation, die im 500. Geburtsjahr Martin Luthers ins Leben gerufen wurde.

Im Ostchor der Kirche ist in der Predella des Altars das von Lukas Cranach d. Ä. um 1531 geschaffene Werk „Christus segnet die Kinder" zu sehen; links vom Altar an der Wand die Porträts von Martin Luther, datiert 1529, und von Kurfürst Johann Friedrich von Sachsen, beide aus der Werkstatt von Lukas Cranach d. Ä.; rechts Maria mit Kind, Schule Lucas Cranachs.

### ✝ 2 Fuggerhäuser

*Maximilianstraße 38, Gedenktafel*

Neben dem Eingangstor erinnert eine Tafel an den Aufenthalt des päpstlichen Legaten Kardinal Cajetan in diesem Hause Jakob Fuggers. Hier fand das Verhör Martin Luthers wegen seiner 95 Thesen am 12.–14. Oktober 1518 statt, und somit ist Augsburg die Stadt, in der sich die Spaltung der Konfessionen vollzog. Kurfürst Friedrich der Weise hatte die Auslieferung des rebellischen Mönchs nach Rom abgelehnt. Luther selbst sprach vom schwersten Gang seines Lebens. Der drohenden Verhaftung entzog er sich durch die Flucht aus Augsburg.

*Luther vor Kardinal Cajetan*

### ✝ 3 Peutingerhaus
Peutingerstraße 11, Gedenktafel

Martin Luther berichtete am 10. Okt. 1518 seinem Freund Spalatin aus Augsburg: „Ich habe bei Conrad Peutinger, dem Doktor, einem Bürger und Mann … zu Abend gegessen, welcher sich meine Angelegenheit ganz außerordentlich empfohlen sein lässt, wie auch andere Ratsherren."

Das dreigeschossige Eckhaus mit der im 18. Jahrhundert neugestalteten Fassade war 1515 von Konrad Peutinger

erworben worden und blieb bis 1719 in Familienbesitz. Peutinger stammte aus einer Kaufmannsfamilie und war von 1495 bis 1534 als „Stadtschreiber" (d. h. Chef der Stadtverwaltung) für die Reichsstadt Augsburg tätig. In den Reformationsstreitigkeiten bemühte er sich um einen mittleren Weg.

### ✝ 4 Fronhof
Peutingerstraße

Der älteste Teil der Bischofspfalz ist der 1507 errichtete Burggrafenturm am südlichen Fronhof. In einem Stübchen „hoch oben auf der Pfalz" hat im Jahr 1518 Albrecht Dürer den Kaiser Maximilian I. (1495–1519) gezeichnet.

An der Stelle des Festsaales befand sich im Vorgängerbau der Kapitelsaal der Augsburger Bischöfe. Hier wurde am 25. Juni 1530 die Confessio Augustana, das „Augsburgische Bekenntnis", vor Kaiser Karl V. und den Reichstagsmitgliedern durch den kursächsischen Kanzler Dr. Christian Baier verlesen. Luthers engster Mitarbeiter Philipp Melanchthon berichtete darüber dem auf der Veste Coburg weilenden Reformator. Nahe dem 30 m hohen „Pfalzturm" ist eine Erinnerungstafel angebracht.

### ✝ 5 Galluskirchlein
Gallusplatz 7

Nördlich der Kapelle wird auf die Stelle verwiesen, wo Martin Luther 1518 die Stadt bei Nacht verlassen haben soll – „Dahinab" genannt.

Jahren 1949 bis 1951 wurden sie wieder aufgebaut.

Der künstlerisch wichtigste Innenhof ist der durch das Tor Hausnummer 36 erreichbare **Damenhof**, das erste profane Bauwerk Deutschlands, in dem italienische Renaissance zur Geltung kam. Der „Damenhof" wird im Sommer gastronomisch genutzt.

Die Räumlichkeiten in dem nach Osten gelegenen Trakt dienten als Repräsentations- und Logisräume für Gäste. Kaiser Karl V. wohnte 1548 für ein ganzes Jahr im Hause. In seinem Gefolge befand sich der Maler **Tizian**. Hier entstanden u. a. die Bildnisse „Karl V. zu Pferde bei Mühlberg" (Museo del Prado, Madrid), „Karl V. sitzend" (Bayer. Staatsgemäldesammlung, München) und „Philipp II. in Waffen" (Museo del Prado, Madrid).

## ෬ **Die Fugger**

Die Fugger-Familie ist wie keine andere Familie mit Weltgeltung mit der Stadt Augsburg verbunden. Die Fuggerlilie ist an vielen Orten zu entdecken.

### ෬ 1 **Fuggerei**

(siehe vorne unter Anschauen)

### ෬ 2 **Fuggerhäuser**

Maximilianstraße 38

Die Fuggerhäuser waren im 16. Jahrhundert die Zentrale einer Firma, deren Geschäftsverbindungen ganz Europa umspannten und auch nach Übersee reichten. Hier war das Hauptkontor für Jakob Fugger den Reichen, Bankier von Kaisern, Königen und Päpsten, schon ein Prototyp des Frühkapitalismus. Jakob Fugger und sein Neffe und Nachfolger Anton regierten von hier aus ein merkantiles Imperium.

Beim Luftangriff von 1944 wurden die Fuggerhäuser schwer getroffen. In den

### ෬ 3 **Fuggerdenkmal**

vor Philippine-Welser-Straße 28

Das einzige Denkmal für ein Mitglied der Familie Fugger in Augsburg ist ein Geschenk des Königs Ludwig I. von Bayern aus dem Jahre 1857 an die Stadt und stammt aus der Werkstatt Friedrich Bruggers, München, gegossen von Ferdinand von Miller. Dargestellt ist Hans Jakob Fugger (1516–1575). Er hatte seine etwa 12.000 Bände umfassende, äußerst wertvolle Bibliothek dem bayerischen Herzog zu einem niedrigen Preis

Als erster fand Jakob Fugger der Reiche hier seine Ruhestätte. Die beiden Brüder waren bereits vor Fertigstellung der Gruft verschieden und wurden dann wohl auf Jakob Fuggers Wunsch nach St. Anna überführt.

Die wertvollen gemalten Flügelbilder der großen Schrankflügelorgel von Jörg Breu d. Ä. sind im Original zu sehen. Der südliche Seitenflügel zeigt die Himmelfahrt Christi. Auf diesem Bild ist die zweite Gestalt von links, ein Männerkopf mit mattgoldener Haube, wohl eine Darstellung Jakob Fuggers des Reichen.

### ☙ 5 Fuggermuseum Babenhausen

87727 Babenhausen, 50 km südwestlich von Augsburg. Führungen: April bis November Di–Sa 10–12 und 14–17 Uhr, So 10–12 und 13–18 Uhr. ☎ 08333/2931. www.fugger.de

Anton Fugger erwarb 1538 die Lehenshoheit und 1539 die Grundherrschaft von Babenhausen. Das Fuggerschloss – ursprünglich eine Burg aus dem 13. Jahrhundert – wurde im 16. Jh. erweitert. Zugänglich sind Fuggermuseum und Ahnensaal.

### ☙ 6 Fuggerschloss Kirchheim

Marktplatz 1, 87757 Kirchheim/Schwaben Zedernsaal geöffnet täglich 9–12 und 14–18 Uhr. ☎ (08266) 860020 bei Angela Fürstin Fugger. Kirche und Park geöffnet täglich 9–18 Uhr. www.zedernsaal.de

Der festliche Zedernsaal im Ostflügel des Schlosses zählt zu den schönsten Renaissance-Sälen Europas. Benannt ist er nach der Libanon-Zeder, deren Holz neben 14 einheimischen Holzarten für die Gestaltung der Decke des Saals (30 Meter lang, über zwölf Meter breit) verwendet wurde. Die Schnitzereien der 1585 von Wendel Dietrich gefertigten Kassettendecke stellen Fuggerlilien, Masken und Rosetten dar.

verkauft. Die Fuggersche Bibliothek bildete den Grundstock der späteren Bayerischen Staatsbibliothek in München.

### ☙ 4 Fuggerkapelle in St. Anna

Annastraße

Jakob Fugger und seine Brüder Ulrich und Georg wählten die St. Anna-Kirche zur Errichtung ihrer Grablege. In die Planung scheint um 1506 Albrecht Dürer eingeschaltet gewesen zu sein. An der westlichen Rückwand der Kapelle sind die vier Epitaphien zum Gedächtnis von Jakob, Ulrich und Georg Fugger angebracht (nach Zeichnungen von Albrecht Dürer und Hans Burgkmair).

Vor dem Chor liegt eine Marmorgrabplatte im Boden als Zugang zur Gruft.

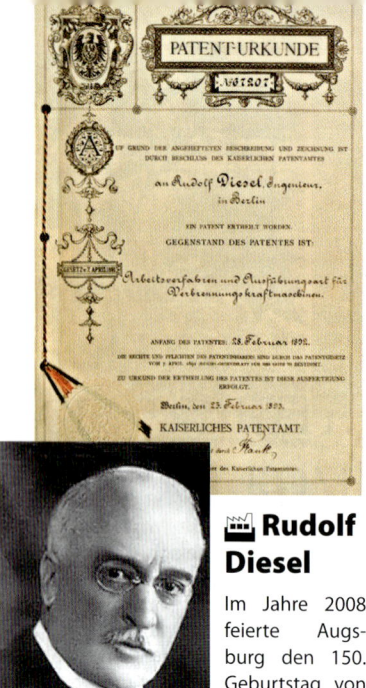

Rudolf Diesel wurde in Paris geboren. Seine Eltern, die aus Augsburg stammten, hatte es nach den Revolutionswirren von 1848 nach Paris verschlagen, wo sie eine Werkstatt für Saffianlederwaren eröffneten. Als 1870 der Krieg ausbrach, mussten die Diesels nach England auswandern, Rudolf Diesel aber kam zu seinen Verwandten nach Augsburg. Er besuchte hier 1870–75 die Gewerbe- und die Industrieschule (heute Holbein-Gymnasium), die er jeweils als bester Schüler abschloss. Ein Stipendium ermöglichte ihm ein Studium am Polytechnikum in München. Nach dem Maschinenbaustudium wurde Diesel Mitarbeiter im Institut des Kältetechnikers Carl von Linde.

In Augsburg fand er die Unterstützung des Direktors der Maschinenfabrik Heinrich Ritter von Buz und konnte so seine Forschungsarbeit zum Erfolg führen (1893–97). Am 28. Januar 1897 stellte er seinen funktionsfähigen Motor in Augsburg vor.

### 🏭 Rudolf Diesel

Im Jahre 2008 feierte Augsburg den 150. Geburtstag von Rudolf Diesel (1858–1913).

### 🏭 1 MAN-Museum

Maschinenfabrik Augsburg-Nürnberg, Heinrich-von-Buz-Straße 28. Besichtigung nach Anmeldung Mo–Fr 9–17 Uhr, ☎ 424-3791, www.man.de

Das Werksmuseum wurde 1963 durch Generaldirektor Otto Meyer eröffnet. Auf 700 qm Ausstellungsfläche wird die Entwicklung der Fabrikanlagen und der Maschinenbauindustrie dargestellt. Schwerpunkte bilden die Druckmaschinen, die erste Buchdruck-Schnellpresse von 1846 und die Entwicklung des Dieselmotors.

### 🏭 2 Rudolf-Diesel-Gedächtnishain im Wittelsbacher Park

Im Jahre 1957 entstand im Wittelsbacher Park der Rudolf-Diesel-Gedächt-

nishain, ein japanischer „Trockenlandschaftsgarten" in rechteckiger Form. Inspiriert wurde dieser älteste japanische Garten in der Bundesrepublik Deutschland durch den Steingarten des Tempels Toeiji in der Präfektur Yamaguchi. Der Garten ist ein Geschenk der Yanmar-Diesel Engine Co. Ltd., Osaka, aus Anlass des 100. Geburtstages von Rudolf Diesel. Der Hain mit einer Gedenktafel und japanischen Steinmetzarbeiten ist auch Symbol der japanischen Freundschaft.

### 3  Holbein-Gymnasium

Hier ging Rudolf Diesel zur Schule (1870-75). Das Holbein-Gymnasium ist ein traditionsreicher Bau in den Räumen des früheren Klosters St. Katharina. Als Stifterin gilt Christina von Wellenburg 1243. Nach der Säkularisation wurde das Kloster als Lagerhalle genutzt, 1834

Königliche Gewerbe- und Landwirtschaftsschule, später Oberrealschule und seit 1965 Holbein-Gymnasium. Hans Holbein d. Ä. war einer der Maler der großen Basilikabilder für das Kloster St. Katharina (siehe Museen).

Aus Anlass des Diesel-Jubiläums wurde vor dem Holbein-Gymnasium im Mai 2008 ein von Schülern gefertigtes Denkmal eingeweiht. Kolben und Ventil eines Diesel-Motors stehen symbolisch für den Motor und zugleich für den jungen und den erwachsenen Rudolf Diesel.

### 4  Rudolf-Diesel-Gymnasium

Peterhofstr. 9

Im Hof des Rudolf-Diesel-Gymnasiums in Augsburg-Hochzoll ist ein original Diesel-Motor aus dem Jahre 1928 zu sehen, der 50 Jahre lang am Wasserwerk Augsburg eine Hochdruck-Kreiselpumpe angetrieben hat. Die Schule trägt den Namen seit 1977.

### 5  Springergässchen 8

Gedenktafel

Hier wohnte Rudolf Diesel bei seinem Schwager Christoph Barnickel während der Entwicklung seines Motors 1893–1897. Christoph Barnickel hatte nach dem Tod seiner ersten Frau Diesels Schwester Emma geheiratet.

# 🏛 Museen

### 🏛 1 Maximilianmuseum

Philippine-Welser-Straße 24 . Geöffnet: Di
10–20 Uhr, Mi–So 10–17 Uhr

1855 wurde das Stammhaus der Städtischen Kunstsammlungen, das Maximilianmuseum, eingerichtet und nach dem bayerischen König Maximilian II. benannt. Es besteht aus zwei historischen Bürgerhäusern.

An der herrlichen Ostfassade erkennt man in den Obergeschossen zwei reich ornamentierte Sandsteinerker. Am nördlichen Erker befindet sich das Hoheitszeichen Kaiser Karls V., der doppelköpfige Adler.

Seit 2000 sind in diesem Museum die Originale der Hauptbronzen der Monumentalbrunnen auf der Maximilianstraße von Adriaen de Vries (1556–1626) und Hubert Gerhardt ausgestellt; auf den Brunnen stehen Nachgüsse. Zum Schutz der wertvollen Original-Bronzen wurde der Hof mit einem sich selbst tragenden Tonnengewölbe aus Glas überdacht.

In 26 Räumen in zwei Obergeschossen vergegenwärtigt eine Vielzahl von Exponaten Augsburgs glanzvolle Geschichte als Reichsstadt. Europaweit einzigartig ist die Modellkammer aus dem Rathaus.

Das 1. Obergeschoss enthält drei Abteilungen: die Skulpturensammlung mit Werken Augsburger und süddeutscher Bildhauer vom Spätmittelalter bis um 1800 (Kunstkammer mit dem berühmten Marienrelief Hans Dauchers von 1520, Galerie mit barocken Kleinplastiken). Es folgt die Abteilung mit Werken wichtiger Augsburger Instrumentenmacher wie Christoph Schissler oder Georg Friedrich Brander.

Im 2. Obergeschoss befindet sich die Abteilung zur Augsburger Goldschmiedekunst (Festsaal). Den Abschluss bildet die Abteilung zum Augsburger Kunsthandwerk und zu den Zünften.

### 🏛 2 Römisches Museum

in der ehemaligen Dominikanerkirche St. Magdalena, Dominikanergasse. Geöffnet: Di 10–20 Uhr, Mi–So 10–17 Uhr. ☏ 324-4134. www.augsburg.de

Das Römische Museum befindet sich in der ehemaligen Dominikanerkirche St. Magdalena, einer zweischiffigen Hallenkirche der Spätgotik. An den sieben Säulen waren ursprünglich die Altäre angebracht, an der Ostwand befand sich nördlich der Frühmessaltar und

Nach der Säkularisation 1803 wurde die Kirche als Lagerhalle der Stadt Augsburg verwendet; seit 1966 dient sie als Römisches Museum. Die Augsburger Sammlung zählt neben jenen von München und Regensburg zu den bedeutendsten in Süddeutschland.

Im Mittelpunkt der Schausammlung stehen die Zeugnisse der römischen Epoche, die einen umfassenden Überblick über die römische Geschichte und Zivilisation der Augsburger Region bieten: zahlreiche Funde des ältesten Militärplatzes (Augsburg-Oberhausen), die älteste und bedeutendste Sammlung römischer Steindenkmäler Bayerns (Götterbildnisse und -inschriften, Sarkophage und Grabdenkmäler mit Szenen aus dem wirtschaftlichen Leben, Ehreninschriften von Kaisern und Statthaltern), ein Goldmünzenschatz, der 1992 geborgene Siegesaltar von 260 n. Chr. sowie zahlreiche Zeugnisse des Alltagslebens (Schmuck, Gläser, Keramik, Werkzeuge, Kleinbronzen).

Den Abschluss bilden Funde des Frühmittelalters (kostbarer Schmuck) aus alamannischen Gräberfeldern Schwabens und aus der Zeit des frühen Zeit Christentums (Klerikalgräber von St. Ulrich und Afra).

Eines der Glanzstücke ist der 1769 am Wertachufer gefundene **Pferdekopf** einer vergoldeten kaiserlichen Bronze-Reiterstatue.

südlich der Hauptaltar. In den 18 Seitenkapellen hatten führende Augsburger Familien wie die Fugger, Höchstetter, Imhof, Lauginger, Manlich, von Stetten und von Rehlinger Grabrechte.

An der Nord- und Südhochwand sind im Obergaden die sogenannten „4 Gülden Stain" angebracht, Rotmarmorgedenksteine, die zu den frühesten Renaissancezeugnissen in Augsburg gehören (1519/20). Die Gedächtnistafeln erinnern an Kaiser Maximilian I., dessen Sohn Philipp und die Enkel Karl V. und Ferdinand I.

### ☐ 3 Schaezler-Palais
### Deutsche Barockgalerie

Maximilianstraße 46. Geöffnet: Di 10–20 Uhr, Mi–So 10–17 Uhr. www.augsburg.de

1765 ließ der Bankier und Silberhändler Adam Freiherr Liebert von Liebenhofen (1731–1810) den heute noch im Original erhaltenen Prachtbau errichten, der als der bedeutendste Profanbau des Rokoko in Augsburg gilt.

ropäischen Handels. Die ursprünglich 365 Kerzen im Saal sollen die Tage eines Jahres versinnbildlichen.

Gast im Rokokofestsaal war u. a. Marie Antoinette (1770), damals 14 Jahre alt, spätere Königin von Frankreich.

Die **Deutsche Barockgalerie** im Schaezlerpalais gibt einen Überblick über die Malerei des Barock und Rokoko (1600–1800) im deutschsprachigen Raum. Der Schwerpunkt liegt auf Werken der in Augsburg tätigen Barockmaler, darunter Joseph Heinz, Johann Evangelist Holzer und Matthäus Günther.

Die Karl und Magdalene Haberstock-Stiftung ist mit Gemälden von Paolo Veronese, Canaletto, Anthonis van Dyck und Giovanni Battista Tiepolo vertreten.

Die repräsentative Fassade zur Maximilianstraße hat im Giebel eine Kartusche mit dem Wappen des Erbauers und einen vergoldeten Stern auf der Spitze (1821); eindrucksvoll ist auch die mit 96 Fenstern ausgestattete Seitenfront entlang der Katharinengasse.

1824 gelangte das Palais in den Besitz des Liebertschen Schwiegersohns, Johann Lorenz von Schaezler. 1958 schenkte Dr. Wolfgang Freiherr von Schaezler (1880–1967) zur Erinnerung an seine beiden im Zweiten Weltkrieg gefallenen Söhne das Palais der Stadt Augsburg unter der Bedingung, dass es ausschließlich kulturellen Zwecken dient. Seit 1970 befindet sich hier die Deutsche Barockgalerie.

In der ersten Etage gelangt man über eine lange Zimmerflucht zum großen fürstlich ausgestatteten Festsaal, der über zwei Stockwerke reicht. Er gilt als der wertvollste erhaltene Festsaal seiner Zeit. Die Stuckarbeiten an der Decke und den Wänden sind von Franz Xaver und Simpert Feichtmayr, die Schnitzarbeiten und die Wandvertäfelung schuf Placidus Verhelst. Das großartige Deckenfresko stammt von Gregorio Guglielmi, 1767. Thema des Deckengemäldes ist die weltumspannende Macht des eu-

### ☐ 4  Kloster St. Katharina Staatsgalerie Altdeutsche Gemälde

Eingang Schaezlerpalais, Maximilianstraße 46. Geöffnet: Di–So 10–17 Uhr. www.augsburg.de

Am 12. Oktober 1835, dem Silbernen Hochzeitstag des bayerischen Königspaares Ludwig I. und Therese, wurde die Augsburger Staatsgalerie eröffnet. Sie ist die älteste staatliche Gemäldesammlung Bayerns, untergebracht in der zweischiffigen Kirche des früheren Dominikanerinnen-Klosters St. Katharina. Die heutige Gemäldesammlung macht Augsburg zu einem Zentrum altdeutscher Malerei, vor allem mit Hans Holbein d. Ä. und Hans Burgkmair.

**Hans Holbein d. Ä.**, um 1460/65 in Augsburg geboren, gilt als bedeutendster Künstler des Übergangs von der Spätgotik zur Renaissance in Augsburg. Das Wohnhaus der Künstlerfamilie Holbein stand am Vorderen Lech 20.

Der Maler und Zeichner **Hans Burgkmair d. Ä.** (1473–1531) erhielt seine erste Ausbildung bei seinem Vater Thoman Burgkmair in Augsburg. Zu den ersten Aufträgen des Hans Burgkmair zählen die in der Galerie zu bewundernden **Basilikenbilder**. Zwischen 1499 und 1504 hatten fünf Nonnen der Dominikanerinnenklosters St. Katharina diese Folge von Darstellungen der sieben römischen Basiliken bei Hans Holbein d. Ä., Hans Burgkmair und einem unbekannten Künstler in Auftrag gegeben.

Ein Höhepunkt der Altdeutschen Gemäldesammlung ist das Porträt Jakob Fuggers des Reichen, gemalt von **Albrecht Dürer**. Die Vorzeichnung zu diesem Gemälde dürfte wohl 1518 in Augsburg entstanden sein.

### ☐ 5 H2 – Zentrum für Gegenwartskunst im Glaspalast

Am Glaspalast 1/Amagasakiallee. Geöffnet: Di 10–20 Uhr, Mi–So 10–17 Uhr, ☎ 324-4155.

Das H2 – Zentrum für Gegenwartskunst, eröffnet 2006, ist Museum, Wechselausstellung und Schauplatz von Experimenten. Der zeitliche Rahmen der Sammlung reicht von den 1980er Jahren bis heute. Die weitläufige Ausstellungsfläche für junge Kunst bewahrt zugleich den Charakter des ehemaligen Industriebaus. – Zeitgleich öffnete die neue Staatsgalerie Moderne Kunst, eine Zweiggalerie der Pinakothek der Moderne München, im gegenüber liegenden Flügel des Gebäudes.

Im gleichen Haus:

### ☐ 6 Kunstmuseum Walter

Geöffnet: Di–Fr 10–17 Uhr, Sa, So und Feiertage 11–18 Uhr. ☎ 8151163.
www.kunstmuseumwalter.com

1909 wurde für die Spinnerei und Weberei Augsburg (SWA) ein palastartiges Fabrikgebäude aus Eisen, Beton und Glas von der Firma Thosti errichtet. Nach Stilllegung der Weberei 1988 wurde das Gebäude umgewandelt: von der Fabrik- zur Kunsthalle.

Die von dem Bauunternehmer Ignaz Walter zusammengetragene Sammlung hat die Schwerpunkte zeitgenössische Kunst, klassische Moderne und Glaskunst von Egidio Costantini.

### ☐ 7 tim – Staatliches Textil- und Industriemuseum Augsburg

Schäfflerbachstr. 2 (frühere Augsburger Kammgarn-Spinnerei). www.tim-bayern.de

Das erste Landesmuseum Bayerisch-Schwabens, tim (Staatliches Textil- und Industriemuseum), ist in der ehemaligen Textilmetropole Augsburg entstanden, und zwar im Gebäude der ehemaligen Augsburger Kammgarnspinnerei AKS, gegründet 1836.

Die Dauerausstellung des tim stellt in lebendiger, multimedialer Form die Textilgeschichte Europas am Beispiel Augsburgs, Schwabens und Gesamtbayerns dar.

### 📠 8 Diözesanmuseum St. Afra

Kornhausgasse 3–5, am Dom. Geöffnet: Di–Sa 10–17 Uhr; So 12–18 Uhr. ☎ 31 66-333.

Das Afra-Museum besteht seit 2000 in Räumlichkeiten, die um den Kreuzgang an der Nordseite des Domes führen. Sein größter Schatz sind die **Bronzetüren** des Domes. Sie werden auf die

Zeit vor 1065 datiert und gelten als das bedeutendste Bronzekunstwerk des frühen Mittelalters in Süddeutschland.
Zum Bestand des Museums gehört sakrale Kunst von überregionaler Bedeutung vom 6. bis 20. Jahrhundert mit Schwerpunkt Mittelalter: Skulptur, Malerei, liturgische Geräte und sakrale Gewänder.
Ein Raum ist den hochbedeutenden Ausgrabungen im Dom gewidmet. Ferner ist der Domkreuzgang mit seinen über 400 Epitaphien zu besichtigen.

### 📠 9 Lettl-Atrium

Museum für surreale Kunst in der IHK Augsburg, Stettenstr. 1+3. Geöffnet: Mo–Fr 8–18 Uhr, Sa 8–15 Uhr, So und Feiertag 11–17 Uhr. ☎ 551642. www.lettl.de

Die Industrie- und Handelskammer für Augsburg und Schwaben zeigt in ihren Atriumräumen die Werke des Augsburger Malers Wolfgang Lettl († 2008), eine in ihrer Schönheit und Geschlossenheit wohl einmalige Sammlung surrealer Kunst.

### 📠 10 Naturmuseum Augsburg

Eingang Augusta Arcaden, Ludwigstraße 2. Geöffnet: Di–So 10–17 Uhr; für Schulen nach Anm. ab 9 Uhr; ☎ 324-6740. www.naturmuseum.augsburg.de

Exotische Tiere und Pflanzen in Schwaben aus der Zeit vor ca. 12 Millionen Jahren (Jung-Tertiär) und ihre heute lebenden Verwandten – ein Vergleich. Der Besucher erlebt, dass Krokodile, Elefanten, Riesenschildkröten und Affen in Augsburg gelebt haben (Einzige Ausstellung dieser Art).
Tiere und Pflanzen Mitteleuropas in ihren Lebensräumen – Biotope von den Alpen bis zur Nordsee. Tiere aus aller Welt – von ihren Eigenheiten und aus ihrem Leben. Mineralien, Gesteine und Fossilien – Entwicklung der belebten und unbelebten Natur.

### 📠 11 Planetarium

Eingang Augusta-Arcaden, Ludwigstraße 2, täglich außer Mo: ☎ 324-6762. www.s-planetarium.de

Die Veranstaltungen im modern ausgestatteten Planetarium – im gleichen Gebäude wie das Naturmuseum – werden je nach Jahreszeiten und besonderen Himmelsereignissen abwechslungsreich angeboten. Sie finden bei jedem Wetter im klimatisierten Kuppelsaal statt, Dauer ca. 50 min.

# † KIRCHEN

Augsburger Hauptkirchen → vorn im Buch unter ◉ Anschauen: ◉5 Der Hohe Dom, ◉6 St. Anna-Kirche, ◉8 St. Ulrich und Afra, ◉9 Ulrichskirche. Informationen über Augsburger Kirchen auch unter www.augsburger-kirchen.de

## † 1   Barfüßerkirche (ev.)

Barfüßerstraße. Geöffnet: 8–20 Uhr

Ein Konvent der Franziskaner ist in Augsburg erstmals 1221 bezeugt. In der Reformationszeit löste sich der Konvent 1526 auf, die Kirche wurde evangelische Pfarrkirche.

1407 bis 1411 wurde eine dreischiffige spätgotische Basilika mit überlangem Mönchschor gebaut. Die im 18. Jahrhundert barockisierte Kirche versank 1944 fast völlig in Schutt und Asche.

Nach dem Krieg wurde nur noch der **Ostchor** (22,5 m hoch und 24,5 m lang) der einst mächtigen Kirche wiederhergestellt.

Den **Altarraum** beherrscht das große Kruzifix (um 1630) von Georg Petel (1602–1634), der Kontakte zu Rubens und van Dyck pflegte. Vom gleichen Künstler stammt das „Segnende Christkind", das ursprünglich auf dem Kanzeldeckel stand.

Den Altarraum schließt ein prachtvolles Chorgitter ab, das Johann Samuel Birkenfeld 1760 schuf.

Vom einstigen Bilderreichtum sind u. a. noch Gemälde von Nicola Grassi, Johann Heiß, Isaak Fisches, Johann Heinrich Schönfeld und Joachim von Sandrart vorhanden.

Die im Krieg zerstörte Orgel war ein Meisterwerk von Johann Andreas Stein. 1777 schrieb Wolfgang Amadé Mozart begeistert an seinen Vater nach Salzburg, wie sehr ihm die Orgel in der Barfüßerkirche gefallen habe.

In dem südlichen **Kreuzgangflügel** befinden sich zahlreiche Grabmäler Augsburger Familien. Direkt beim Kircheneingang sehen wir das künstlerisch wertvolle bronzene Epitaph für Markus Zäch mit der „Geißelung Christi" nach Giovanni da Bologna, 1617.

## † 2   St. Moritz (kath.)

Moritzplatz

Die im Kern dreischiffige romanische Kirche von 1084 blieb trotz mehrfacher Umgestaltung erhalten. Die Kirche ist bis heute Patronatskirche des Hauses Fugger.

1944 wurde die Kirche zerstört, 1946 bis 1950 von dem damals bedeutendsten Kirchenbaumeister, Dominikus Böhm (1880–1955), Jettingen, wieder aufgebaut.

Der Kirchenraum ist im Kern noch als romanisches dreischiffiges, siebenjochiges Langhaus mit 12 Pfeilern und den aufragenden Hochwänden aus der Gotik zu erkennen.

Der **Hochaltar** wurde aus Bruchstücken und Säulenresten der romanischen Kirche komponiert. Die Figur des Altars zeigt „Christus Salvator", den der zu den bedeutendsten Bildhauern des Frühbarock in Deutschland zählende Georg Petel 1632 schuf.

An der Westwand sind zwei Figuren des Georg Petel angebracht: der hl. Sebastian und der hl. Christophorus (Lindenholz, 187 cm).

An der Westwand rechts und links des Portals finden wir Grabmäler: für den

Patrizier Sigismund Gossenbrot und seine Frau Anna Rehlinger (†1500 und 1530) sowie für „Claus Hofmair, den man Apotheker nennt" (†1427).

### † 3  St. Georg (kath.)

Georgenstraße 18

Die ehemalige Augustinerchorherren-Stiftskirche, einer der letzten Großbauten der Spätgotik in Schwaben, entstand 1490 bis 1506 und wurde von 1681 bis 1700 barockisiert. Hans Georg Mozart baute von 1702 bis 1705 das Stiftsgebäude. 1881 wurde die barocke Ausstattung durch eine neugotische ersetzt.

Im Wesentlichen ist der dreischiffige gotische Kirchenraum erhalten. Unter der modernen Kanzel befindet sich eine besonders beachtenswerte **Knotensäule** aus der früheren romanischen Kirche. Von der barocken Einrichtung zeugt noch die das alte Gestühl, an jedem zweiten Stuhl ist das „flammende Herz", das Attribut des hl. Augustinus, zu sehen.

Das Gemälde von Johann Georg Bergmüller (1749) an der Turmwand zeigt den **hl. Augustinus**.

Den Chorraum beherrscht das spätgo-

tische Kruzifix (1510; die Kreuzbalken sind neu), wohl von dem Ulmer Bildhauer Michel Erhart.

Kunsthistorisch von großer Bedeutung ist die neben dem südlichen Seitenschiff 1506 als Familienbegräbnisstätte der Herwart, einer der ältesten Patrizierfamilien, errichtete Kapelle. Die Eule, das Familienwappen, ist mehrmals in der Kapelle zu sehen, so in den Gewölbeschlusssteinen und im Fußboden.

Den **Rokokoaltar** schuf Ignaz Wilhelm Verhelst, 1778/79. Dem spätgotischen Vesperbild (um 1500) wurden Heilungswunder zugeschrieben. Die Engel sind ein Werk von Ehrgott Bernhard Bendl, um 1700.

Am Pfarrhaus erinnert eine Gedenktafel an Pfarrer Sebastian Kneipp, der 1855 an St. Georg als Kaplan wirkte.

### † 4    St. Jakob (ev.)

Jakoberstraße

Im Jahre 1355 wurde die alte Jakobskapelle durch einen Neubau ersetzt, dessen äußere Gestalt bis zur Zerstörung 1944 unverändert blieb. Der gotische Chor, der allen Zerstörungen standhielt, zeigt wieder die Bemalung von 1355.

Die Kirche ist seit 1525 evangelisch. Von der ursprünglichen Ausstattung ist nur noch das **Altarbild** „Ankündigung der Geburt Christi", um 1525 (Donauschule), erhalten. An der nördlichen Hochwand des Altars hängt ein Stifterbild der Familien Welser und Rehlingen.

Bei den Renovierungs- und Grabungsarbeiten in der Kirche wurden im Jahre 1986 Gräber und Eingangsstufen zum früheren Pilgerhospiz entdeckt. Im Hospiz versorgte man die Pilger, die nach Santiago de Compostela zum Grab des heiligen Jakobus pilgern wollten.

Vor dem Chor der Kirche befindet sich der 1994 von Bernd Altenstein geschaffene Jakobsbrunnen.

## ✝ 5    Herz-Jesu-Kirche in Pfersee (kath.)

Franz-Kobinger-Str. 2. Besichtigung: Mo bis Fr 8–12 Uhr, 14–17:30 Uhr, Samstag/Sonntag außerhalb der Gottesdienstzeiten

Die Herz-Jesu-Kirche ist in Architektur und Bildwelt ein großartiges Gesamtkunstwerk des Jugendstils.
Architekt der Kirche war Prof. Michael Kurz (1876–1957). Den Grundriss der Kirche bildet eine dreischiffige Anlage. Der Innenraum wird durch den Gegensatz zwischen dem fast schmucklosen Langhaus und der reichen malerischen Ausstattung des Chores und der Querarme geprägt. Die Ausmalung von Christoph Böhner und Theodor Baierl zählt zu den Hauptwerken kirchlicher Monumentalmalerei in Deutschland zu Beginn des 20. Jahrhunderts.
Im Langhaus befinden sich barocke Apostelfiguren aus der Stadtpfarrkirche St. Jakob in Straubing (1742).

## ↻    Rundgang: Von St. Ulrich zum Königsplatz

### ↻ 1    Maximilianstraße

Von den Treppen der evangelischen Ulrichskirche blickt man über die beeindruckende Renaissancestraße, die Maximilianstraße, bis hin zu den gotischen Doppeltürmen des Doms. Die Maximilianstraße war bis 1806 durch das Hollsche Siegelhaus und den Wein- und Salzstadel von St. Ulrich bis zum Herkulesbrunnen zweigeteilt. Nach dem Abbruch dieser Häuserzeile erhielt der Straßenteil bis zum Rathaus den Namen des ersten bayerischen Königs, Maximilian I. Joseph, die weiterführende Straße bis zum Dom den seiner Gemahlin, der bayerischen Königin Karoline. 1957 wurde die Maximilianstraße nach dem gleichnamigen Kaiser Maximilian I. (1459–1519) genannt, der wegen seiner häufigen und langen Aufenthalte in der Stadt auch als „Bürgermeister von Augsburg" bezeichnet wurde.
Am Haus Ulrichsplatz 10 finden wir die Gedenktafel für Johann Andreas Stein (1728–1792), den Orgelbauer und „Erfinder" des Hammerklaviers (siehe Kapitel Mozart).
Im zinnenbekrönten Eckhaus Ulrichsplatz 15 kam 1873 der Chemiker und

Nobelpreisträger (1929) Hans von Euler-Chelpin zur Welt.

Der Ulrichsplatz geht in die Maximilianstraße über. Das „Stiermannshaus" (der Bauunternehmer Walter Stiermann rettete das Haus vor dem Abbruch) – Maximilianstraße 83 – stammt im Kern aus dem 13. Jahrhundert. Im 16. und 17. Jahrhundert nahm man bauliche Veränderungen vor. Das Gebäude umschließt einen typischen Augsburger Innenhof, der zugänglich ist und heute gewerblich genutzt wird.

In den Kellergewölben wurde das originelle Restaurant „Welser-Kuche" eingerichtet. Hier wird im Stil des 16. Jahrhunderts gekocht und gespeist. Die Rezepte stammen aus dem handschriftlichen Kochbuch der Augsburgerin Philippine Welser, der Gemahlin des Erzherzogs Ferdinand II. von Tirol.

Gegenüber an der Ecke Armenhausgasse 1 lebte der Steinmetz Burkhard Engelberg, der das Ulrichsmünster erbaute.

## ↻ 2 Kathanhaus

Kapuzinergasse 10

Das Kathanhaus ist ein Beispiel für die viel gerühmte Augsburger Fassaden-

malerei des Rokoko (Johann Baptist Bergmiller). Die Fassaden der Straßen- und Gartenseite zeigen religiöse und allegorische Bilder und Scheinfenster. 1960 und 2002 restauriert.

## ↻ 3 Herkulesbrunnen

Maximilianstraße, vor dem Schaezlerpalais

Der Herkulesbrunnen wurde in den Jahren 1597 bis 1600 von Adriaen de Vries modelliert, danach von Wolfgang Neidhart in Augsburg gegossen und 1602 auf dem Weinmarkt aufgestellt.

Die Anlage des Herkulesbrunnens ist dreiseitig. Die auf einer starken Standplatte stehende, drei Meter hohe Bronzegruppe zeigt den Prototypus aller Helden, den muskulösen, nackten Herkules mit der Siegerbinde in den Haaren. In seiner Hand hält er eine Flammenkeule, um das siebenköpfige, geschuppte und geflügelte Ungeheuer, die Hydra, zu erschlagen. Nach der Sage benötigte Herkules die Flammenkeule, um die Wurzeln der abgeschlagenen Köpfe zu versengen, so dass die Hydra keine neuen Köpfe hervortreiben konnte.

Dargestellt sind auf diese Weise der Sieg des Menschen über die wilde Kraft des Wassers und die Macht des Feuers.

Auf dem gesimsähnlichen Vorsprung des breiteren unteren Pfeilerblocks sitzen drei Najaden, die das Element Wasser thematisieren.

Unterhalb der Muschelschalen befinden sich drei Männer mit Muscheln und Fischen in den Händen, die sie als Meeresgötter ausweisen. Neben ihnen sind drei geflügelte übermütige Putten zu sehen. Diese Knaben – ein seit der Antike bekanntes Motiv – halten Gänse, die sie erwürgen oder erstechen, zwischen ihren Beinen fest.

Von großer Bedeutung sind die drei in Marmorrahmungen eingelassenen

Das Haus war auf das Edelste ausgestattet; es gab einen Rittersaal, einen Tanzsaal und eine eigene Hauskapelle. Berühmte Gäste waren u. a. Friedrich Wilhelm I. von Preußen, Giacomo Casanova, Leopold Mozart mit seinen Kindern Wolfgang Amadé und Nannerl, Kaiser Franz II. mit seiner Gemahlin Marie Therese, Wolfgang von Goethe, König Max I. Joseph und Königin Karoline von Bayern, Richard Wagner mit Cosima von Bülow, Erzherzog Ferdinand von Österreich, König Otto von Griechenland, Zar Nikolaus I. von Russland.

### ↻ 5   Zeughaus

Zeugplatz

Von 1602 bis 1607 entstand das Zeughaus, das Waffenarsenal der Stadt. Die Bauleitung hatte Elias Holl, der Entwurf der prächtigen Ostfassade stammt wohl von dem Maler und Architekten Joseph Heintz (1564–1609). Der sechsgeschossige zweiflüglige Bau besitzt einen Treppenturm im Winkel. In dem nach Osten ausgerichteten Haupttrakt liegt die **Toskanische Säulenhalle**, die als einer der elegantesten Räume des Stadt-

vergoldeten Bronzerelieftafeln. Sie zeigen die Gründung der Stadt, das Bündnis von „Roma" und „Augusta Vindelicum" sowie die Stadtgöttin „Augusta Vindelicum" mit Mauerkrone und Pinienzapfen.

Die drei Brunnen der Maximilianstraße – Augustusbrunnen, Merkurbrunnen und Herkulesbrunnen – bilden einen Dreiklang, der die drei Stände der Reichsstadt anspricht: den Herren-, Kaufmanns- und Handwerkerstand.

### ↻ 4   Hotel „Drei Mohren"

Maximilianstraße

1722/23 ließ der aus Burgau gebürtige Weinwirt Andreas Wahl von dem Münchner Johann Georg Gunetzrhainer den mit einer prächtigen Rokokofassade ausgestatteten, vornehmen Bau erstellen. Von den stuckverzierten Giebeln der drei Balkontüren schauten drei ausdrucksvolle Köpfe herab: die heute noch erhaltenen „Drei Mohren"-Terrakotten, die dem Augsburger Bildhauer Ehrgott Bernhard Bendl zuzuschreiben sind. Wie die drei Mohren auf ein Gasthausschild kamen, ist heute nicht mehr nachweisbar.

werkmeisters Elias Holl gilt. Nach 1806 diente das Zeughaus als bayerisches Artilleriedepot, ab 1899 als Sitz der Hauptfeuerwache der Stadt Augsburg, heute als Bildungs- und Begegnungsstätte. Besonders beliebt: Ausstellungen in der Toskanischen Säulenhalle, Alternativer Weihnachtsmarkt, Biergarten.

Die Ostfassade trägt die Inschrift: BELLI INSTRUMENTO, PACIS FIRMAMENTO (= Werkzeug des Krieges, Bewahrung des Friedens).

Der Bildhauer Hans Reichle (um 1570–1642), ein Schüler von Giovanni da Bologna, formte die großartige **Bronzegruppe** des Sieges von Erzengel Michael über Luzifer. Für den Guss verbrauchte der Stadtgießer Wolfgang Neithardt (1575–1632) mehr als 198 Zentner Bronze.

wenmasken und vier Adlerköpfe. Von der Errichtung des Brunnens und den mehrmaligen Ausbesserungsarbeiten geben die Inschriften am Pfeilerpostament Auskunft.

## ↻ 6  Merkurbrunnen

Maximilianstraße

Der Merkurbrunnen wurde in den Jahren 1596 bis 1599 von dem Niederländer Adriaen de Vries modelliert, vom Augsburger Stadtgießer Wolfgang Neidhardt gegossen und auf dem Platz vor der St. Moritz-Kirche und dem Weberhaus aufgestellt. Die Originalskulptur steht heute im Maximilianmuseum.

Merkur als Gott des Handels soll auf die Bedeutung der Stadt als Handelsmetropole aufmerksam machen. Die zweieinhalb Meter hohe Brunnengruppe wird dominiert von Merkur, der einen Schlangenstab (Zeichen des Glücks und Friedens) in der rechten Hand hält und auf dem Kopf einen geflügelten Helm trägt. Der geflügelte Amorknabe, mit einem Bogen ausgestattet, scheint dem Gott den geflügelten Schuh zu lösen oder zu binden.

Das Wasser fließt in dünnem Strahl aus den Bronzen am Pfeiler: zwei Hundeköpfe, zwei Medusenhäupter, zwei Lö-

## ↻ 7  Weberhaus

Maximilianstraße

Die Leineweber bildeten die größte Handwerksgruppe der Stadt. Mit mehr als 2000 Weberwerkstätten war Augsburg vor dem Dreißigjährigen Krieg eine der bedeutendsten Textilstädte Europas. Das Weberhaus war das Zunft- und Amtshaus der Weber am Moritzplatz.

Bereits 1389 entstand im Weberhaus eine Zunftstube mit gewölbter Holzdecke und einer Wandvertäfelung, die 1437 von Peter Kaltenhofer bemalt und 1538 durch Jörg Breu d. J. erneuert wurde. Sie befindet sich heute im Bayerischen Nationalmuseum in München.

Die Außenfresken stammten ursprünglich von dem Stadtmaler Johann Matthias Kager (1605). Nach der Kriegszerstörung wurde das Haus wieder aufgebaut, die Freskenbemalung gestaltete O. M. Schmitt mit den Themen „Schlacht auf dem Lechfeld" und „Geschichte des Weberhandwerks".

An die Weber erinnern die beiden In-

schriften am östlichen und westlichen Giebel des Hauses: „Per multa saecula usque ad dies nostros texunt textores magnificum urbis augustae vestimentum" (= Seit vielen Jahrhunderten, bis in unsere Tage, weben die Weber das prächtige Kleid der Stadt Augsburg) und „Zwischen Handwerk und Maschinenzeit liegt der Weber Kampf und Leid".

### ↻ 8 Goldschmiedebrunnen

Martin-Luther-Platz

Der Goldschmiedebrunnen wurde 1912 von dem Berliner Bildhauer Hugo Kaufmann geschaffen. Stifterin des Brunnens war die Bankierswitwe Sabine Bühler. Er dient dem Gedächtnis an die Meister der berühmten Augsburger Goldschmiedezunft und der Erinnerung an ihren 1910 verstorbenen Mann, August Bühler. Die Brunnenfigur des jungen Gesellen, der in der erhobenen rechten Hand einen vergoldeten Kupferpokal hält, trägt die fein gefältelte Tracht seines Handwerks. Er schaut hinüber zur Goldschmiedekapelle an der Annakirche. Brunnenbassin und Säule sind aus blauem Kirchheimer Granit gefertigt.

### ↻ 9 Ehemaliges Gymnasium St. Anna

Im Annahof 6

Die evangelische Schule bei St. Anna wurde 1531 gegründet. Westlich der

St.-Anna-Kirche baute Elias Holl 1613 bis 1625 für sie einen Zweckbau, der klar gegliedert eine strenge Symmetrie aufweist.

Von 1821 bis 1823 war Prinz Charles Louis Napoleon – der spätere Kaiser Napoleon III. von Frankreich – Schüler im St. Anna-Gymnasium, dem er 1867 einen Besuch abstattete.

Der ehemalige Gymnasiumsbau ist Teil des Annahofs. Die alte Sternwarte stand dort, wo jetzt der Zugang zur Tiefgarage besteht.

### ↻ 10 Stadtmarkt

Zugang von Fuggerstraße und Annastraße.
Geöffnet: Mo bis Fr 7–18, Sa 7–14 Uhr

Zwischen Anna- und Fuggerstraße befindet sich der 1930 eröffnete Stadtmarkt. Alle früheren Einzelmärkte wurden hier zu einem einzigen Markt zusammengeführt. Neben den reichhaltigen Angeboten der Markthallen und Stände bieten Bäuerinnen aus dem schwäbischen und bayerischen Umland Obst, Gemüse, Pilze, Eier und Blumen an. Ein besonderes Einkaufserlebnis.

### ↻ 11 Stadtarchiv

Fuggerstraße, beim Stadtmarkt. Geöffnet: Di–Mi 8:00–17:00 Uhr; Do 8:00–17:30 Uhr; Fr 8:00–12:00 Uhr

Das Stadtarchiv Augsburg ist die zentrale Anlaufstelle für die Augsburger Stadtgeschichtsforschung. Das Archiv verwahrt alle wichtigen amtlichen Unterlagen der Stadtverwaltung. Die Überlieferung reicht bis ins 11. Jahrhundert zurück und umfasst einzigartige Dokumente zur Stadt- und Sozialgeschichte.

### ↻ 12 Stadtmetzg

Metzgplatz

Der von Elias Holl 1606 bis 1609 geschaffene Zweckbau, damals Verkaufs- und Zunfthaus der Metzger, hat eine schön gegliederte Fassade. Die Ochsenschädel am Giebel setzen dekorative Akzente.
Die Stadtmetzg galt als die modernste ihrer Zeit, da Elias Holl das technische Meisterstück gelang, den „Vorderen Lechkanal" offen unter der Stadtmetzg hindurchzuführen, so dass eine Kühlung der Fleischkeller entstand und der Kanal zur Abfallbeseitigung genutzt werden konnte. Im Untergeschoss lagen die Verkaufsbänke der Metzger, im Obergeschoss die Zunft- und Amtsstube.
Von 1710–1806 war die Reichsstädtische Kunstakademie in den Obergeschossen untergebracht. Seit 1939 dient die Stadtmetzg als städtisches Verwaltungsgebäude.

### ↻ 13 Georgsbrunnen

Metzgplatz

Die lebensgroße Figur des hl. Georg wurde 1565 gegossen; 2003 restauriert. Der Reiterharnisch entspricht der Zeit um 1550, und man nimmt an, dass er von einer Turnierrüstung abgegossen wurde.

### ↻ 14 Neptunbrunnen

Jakobsplatz

Vor der Fuggerei steht auf einem Brunnensockel Augsburgs älteste Brunnenfigur, der jugendliche Meeresgott Neptun mit Dreizack und einem Fisch in der Hand. Die fast lebensgroße Bronzefigur, um 1536 nach einem Modell von Hans Daucher gegossen, stellt das einzige erhaltene Beispiel Augsburger Bronzegroßplastik der Renaissance dar.

### ↻ 15 Alte Silberschmiede

Pfladergasse 10

Die Alte Silberschmiede ist eines der ältesten erhaltenen, noch beruflich genutzten Handwerkerhäuser im Lech-

viertel. Es stammt aus der Mitte des 16. Jahrhunderts und wurde 1670 erstmals von einem Goldschlager erworben, der damit die Tradition der Gold- und Silberschmiede begründete.

Das dreiachsige Giebelhaus enthält eine vertieft liegende Werkstatt im Erdgeschoss und darüber zwei frühere Wohnungen. Der Zugang zu allen Geschossen erfolgt vom Garten aus; die beiden Obergeschosse sind über eine außen angehängte, überdachte Holztreppe zu erreichen.

Die Augsburger Goldschmiede besaßen vom 16. bis ins späte 18. Jahrhundert internationalen Ruf. Viele der in Augsburg hergestellten Kunstwerke sind in zahlreichen europäischen und außereuropäischen Museen ausgestellt. Historische Augsburger Gold- und Silberschmiedearbeiten sind im Maximilianmuseum, im Diözesanmuseum sowie im Jüdischen Kulturmuseum zu besichtigen.

Die Stadt Augsburg übergab 1977 die Alte Silberschmiede der Firma Bartel & Sohn, die sie wieder zu blühendem Leben erweckte.

### ↻ 16 Königsplatz

Der **Königsplatz**, benannt nach König Ludwig II. von Bayern, ist heute ein wichtiger Verkehrsknotenpunkt. Hier stand ursprünglich das Gögginger Tor. In den Anlagen gibt es zwei Brunnen: den 1880 von Alfred Thormann errichteten Springbrunnen sowie den **Manzù-Brunnen** (1986).

### ↻ 17 Hauptbahnhof

Viktoriastraße

1843 bis 1846 entstand nach Plänen des Architekten Friedrich Bürklein der Hauptbahnhof im spätklassizistischen Stil. Die Empfangshalle ist die älteste noch in Betrieb befindliche Bahnhofsempfangshalle einer Großstadt.

1986 wurde auf dem Bahnhofsplatz ein **Brunnen** aufgestellt, den der Augsburger Bildhauer Theo Bechteler geschaffen hat.

## ⚡ Wehranlagen

### ⚡ 1    Wertachbruckertor

*Am Katzenstadel*

An einer Wertachbrücke mit einer Zoll-stelle entstand 1370 ein Turmneubau, der 1402 von Chuonrat bemalt wurde. 1605 erhöhte der Stadtbaumeister Elias Holl den Turm um zwei Stockwerke, die er mit einem flachen Zeltdach und einer zierlichen Laterne abschloss.

Am 10. Oktober 1805 zog der franzö-sische Kaiser Napoleon I. durch dieses Tor in die Stadt Augsburg ein. Eine Darstellung dieses Einzugs ist auf der Vendôme-Säule in Paris zu finden.

### ⚡ 2    Fischertor

*Frauentorstraße*

Die erste urkundliche Erwähnung des damaligen Außentores erfolgte 1328. Das Tor führte in die Vorstadt der Fi-scher am Senkelbach. Seit der Mitte des 15. Jahrhunderts trägt das Tor die Be-zeichnung „Fischertor". Es wurde 1609 durch Elias Holl umgebaut, 1703/04 im Spanischen Erbfolgekrieg völlig zer-stört. Das heutige zweigeschossige Tor ist ein neubarocker Bau aus den Jahren 1924/25.

Eine seitliche Treppe führt zum „Lueg-insland":

### ⚡ 3    Bastion Lueginsland

*Am Lueginsland*

Der Name leitet sich von der expo-

nierten Lage des Geländes ab, das eine freie Sicht (luegen) über das nördliche Lechtal und die Industriegebiete des frühen 19. Jahrhunderts erlaubt.

Die Wallanlage entstand um 1430, sa-niert 1954. Der **Hexenbrunnen** am Lueginsland wurde 1925 von dem Bild-hauer Fritz Beck geschaffen.

### ⚡ 4    Schwedenstiege, Steinerner Mann

*Zugang vom Unteren Graben oder Schwe-denweg*

Auch dieser Teil der Stadtmauer wurde 1609 von Elias Holl umgebaut und er-höht.

Im Jahre 1632 legte die schwedische Garnison am unteren Graben in Höhe des Oblatterwalls einen Weg mit einer Brücke an, um über den Stadtgraben schneller auf die Ringmauern zu ge-langen. An diese Zeit erinnert heute

die „Schwedenstiege". Am Fuße des Treppenaufgangs ist ein venezianischer Wandbrunnen zu finden (der zweite steht am Roten Tor).

In einer Nische des Dohlenturms an der Schwedenmauer steht die bekannteste Sagengestalt Augsburgs, der „Stoiderne Ma" (Steinerne Mann). In der Zeit des Dreißigjährigen Krieges soll während der Belagerung der Stadt durch kaiserliche Truppen und der folgenden Hungersnot der Bäckermeister Konrad Hacker mit einem Brotlaib auf die Stadtmauer gestiegen sein, um die Belagerer über die Versorgungslage zu täuschen. Die Feinde hätten ihn mit einer Kanonenkugel so schwer am rechten Arm getroffen, dass er verstarb. Die Belagerer aber wären daraufhin abgezogen. Bereits 1635 soll zu seiner Erinnerung diese Sandsteinfigur aufgestellt worden sein.

Wenn heute Liebespaare sich etwas wünschen und dabei die Nasenspitze der Steinfigur berühren, soll der Wunsch in Erfüllung gehen.

### ⋚ 5   Fünfgratturm

Untere Jakobermauer

Der Fünfgratturm ist ein um 1455 gebauter Turm mit fünf Spitzen, im Volksmund „Fünffingerlesturm" genannt. Der heute freistehende Turm war ursprünglich in die östliche Stadtmauer eingebunden.

### ⋚ 6   Jakobertor

Jakobertorplatz

Durch das Jakobertor, eines der wichtigen Außentore der Stadt, führte die Verkehrsverbindung nach Bayern. Es wurde erstmals 1346 urkundlich erwähnt. Durch dieses Tor zog der Schwedenkönig Gustav II. Adolf am 24. April 1632 in Augsburg ein.

### ⋚ 7   Jakoberwall, Jakobervorstadt

Obere Jakobermauer

1542 wurde hier eine Rundbastei mit einem Turm errichtet, den 1619 Elias Holl ausbaute. Die Jakobervorstadt galt bis zum Ende des 18. Jahrhunderts als Wohnbezirk armer Leute. Nach der Frauenvorstadt befand sich hier die größte Ansiedlung von Webereien des für Augsburg bedeutenden Gewerbes.

Die Augsburger Dult (Jahrmarkt) wird bereits 1276 im Augsburger Stadtrecht erwähnt. Heute finden Oster- und Herbstdult jeweils zwei Wochen entlang der Jakobermauer zwischen Jakober- und Vogeltor statt.

### ⋚ 8   Vogeltor

Oberer Graben

Das Vogeltor ist ein Außentor der Stadtmauer, gebaut im Zusammenhang mit der Errichtung der Jakobervorstadt. 1374 wurde am neu angelegten Stadtgraben ein Tor mit Brücke aufgeführt. 1445 brach man das alte Tor ab und baute das heute noch bestehende Tor. Am Vogeltor ist heute noch das seit 1538 bestehende kleine Wehr mit einem sich drehenden Wasserrad zu sehen.

**⚱ 9   Rotes Tor mit Wallanlage**

Das Rote Tor, in der Zeit vor 1428 auch „Haunstetter Tor" genannt, war das wichtigste Außentor im Süden der Stadt für den Verkehr in Richtung Tirol und Italien. Hier befand sich auch eine Zollstelle.

Tor und Befestigungsanlagen wurden mehrfach erweitert. Hier verlief zur Römerzeit die von Kaiser Claudius (41–54) angeordnete befestigte Straße „Via Claudia Augusta", die von Altinum (nördlich Venedig) bis zur Donau bei Donauwörth führte.

Das Rote Tor, die Wallanlage und das Heilig-Geist-Spital bilden das schönste erhaltene Ensemble, das Elias Holl geschaffen hat. Die Brücke wurde 1777 von Werksmeister Johann Christian Singer gebaut. Die Wallanlagen laden zu beschaulichen Spaziergängen mit überraschenden Ausblicken ein. Im Sommer wird mit großem Erfolg die Freilichtbühne vom Theater Augsburg bespielt.

# 🏆 Kultur, Wissenschaft, Sport

### 🏆 1   Theater Augsburg

Kennedyplatz. Vorverkauf: 324 4900.
http://theater1.augsburg.de

Am 26. November 1877 wurde das Stadttheater eröffnet, erbaut nach Plänen der Wiener Hofarchitekten Ferdinand Fellner und Edmund Helmer im Neu-Renaissancestil. 1938/39 ließ Adolf Hitler das Theater durch Prof. Paul Baumgarten umbauen. Das städtebaulich wirkungsvoll platzierte Haus wurde 1944 weitgehend zerstört und ohne die dekorativen Elemente an der Fassade wiederhergestellt.

Dirigenten in Augsburg waren u. a. Wolfgang Sawallisch, Istvan Kertész, Hans Zanotelli, Gabor Ötvös und Bruno Weil.

Die Spielstätten des Theaters sind Großes Haus, Komödie und Hoffmannkeller sowie die Kongresshalle; im Sommer auch die Freilichtbühne am Roten Tor.

### 🏆 2   Freilichtbühne am Roten Tor

Die Augsburger Freilichtbühne wurde 1929 im westlichen Wallgraben des Roten Tores vor der großartigen Kulisse der um 1543 entstandenen Bastei angelegt. Sie zählt mit ihren Aufführungen vor malerischer Kulisse zu den schönsten Deutschlands. Das Theater Augsburg spielt hier von Mitte Juni bis Ende

Juli Opern, Operetten und Musicals. Das Theater bietet 2100 Besuchern Platz.

### ♈ 3 Schauspielhaus „Komödie" im Gignoux-Haus

Vorderer Lech 8

Die Komödie ist das kleine Haus des Theaters Augsburg. Hier sind Schauspiel- und Ballettaufführungen zu sehen. Die Komödie hat 260 Plätze.

Am Haus befindet sich eine Gedenktafel für die Kattunfabrikantin Anna Barbara Gignoux (1725–1796). Nach dem Tod ihres Ehemannes, des Kattunmanufakturbesitzers Johann Friedrich Gignoux, wurde sie 1760 Alleininhaberin des florierenden Unternehmens. 1764 ließ ihr zweiter Ehemann, Georg Christoph Gleich, den eleganten, aber sehr teuren Fabrikbau hier am Vorderen Lech errichten. Nach dem Konkurs und der Flucht ihres Mannes übernahm Anna Barbara 1771 wieder die Leitung der Kattunfabrik und baute sie zur drittgrößten in Augsburg aus.

### ♈ 4 Kresslesmühle

Barfüßerstr. 4, Bürozeiten: Mo–Fr 11–19 Uhr. www.kresslesmuehle.de ☎ 37170, 36215

Das Kulturhaus Kresslesmühle hat sich zu einem renommierten Zentrum für Kleinkunst und Kabarett entwickelt (Kabarett-Tage, Poetry Slam).

### ♈ 5 S'ensemble Theater

in der Kulturfabrik, Bergmühlstr. 34, ☎ 3494666, www.sensemble.de

Das S'ensemble Theater (Leitung Sebastian Seidel) wird getragen von einem überregionalen gemeinnützigen Förderverein. Es bietet eine professionelle, freie Bühne (99 Plätze) für zeitgenössisches Theater und Jazz in Augsburg. Im Vordergrund steht die Entwicklung neuer Stücke in einer offenen Werkstatt für neue Dramatik.

Im Sommer spielt das S'ensemble Theater auf der „kleinen Augsburger Freilichtbühne" in der mittelalterlichen Anlage des Jakoberwallturms.

### ♈ 6 Kulturhaus Abraxas

Sommestr. 30. ☎ 324-6355, www.abraxas.augsburg.de

Aus dem ehemaligen amerikanischen Offiziersheim entstand 1995 ein Kulturzentrum mit Theater (150 Plätze), Ausstellungshalle, Ateliers, Musik-Übungsräumen und Restaurant. Hier finden vielfältige Musik- und Theaterdarbietungen sowie Ausstellungen statt.

### ♈ 7 Parktheater im Kurhaus Göggingen

Göggingen, Klausenberg 6. Das Kurhaus ist, soweit Veranstaltungen dies zulassen, täglich von 9–18 Uhr zur Besichtigung geöffnet. Eintritt kostenlos. Kartenbüro: 9062 222.
www.parktheater.de

Das Kurhaus Göggingen ist ein bildschönes Ensemble aus der Gründerzeit. Das 1886 errichtete Gebäude war ursprünglich Teil der Kuranlage der von Friedrich von Hessing errichteten Orthopädischen Heilanstalt in Göggingen. Der Bau ist ein bedeutendes Denkmal deutscher Ingenieurkunst und bot 500 Besuchern Platz.

1972 zerstörte ein Brand das Gebäude, das 1973 als denkmalgeschützter Bau von der Stadt Augsburg erworben wurde. Ab 1988 erfolgte eine Sanierung und Rekonstruktion.

Heute finden hier fast täglich hochkarätige Gastspiele statt, von Klassik und Oper über Comedy und Tanztee bis Literatur und Jazz ist alles geboten.

### ♈ 8 Kongresshalle, Hotelturm

Gögginger Straße 10. ☎ 324-23 48
www.kongresshalle-augsburg.de

Die Augsburger Kongresshalle wurde zwischen 1964 und 1972 im Wittelsbacher Park errichtet. Sie ist ein beliebter Veranstaltungsort für Kongresse, Konzerte und Events aller Art.

Neben der Kongresshalle steht einer der höchsten Hoteltürme Europas (118 m), im Volksmund „Maiskolben" genannt, der ein Hotel und Appartements beherbergt.

### ♈ 9 Stadtbücherei

Ernst-Reuter-Platz.
www.stadtbuecherei.augsburg.de

Die Stadtbücherei Augsburg ist die größte öffentliche Bibliothek in Schwaben. Sie wurde 1920 als Abteilung der Staats- und Stadtbibliothek eröffnet. Sie stellt 180.000 Bücher aus allen Wissensgebieten bereit, ferner Zeitschriften und Zeitungen, Internationale Presse, Hörbücher, Klassische und zeitgenössische Literatur auf CD, auch in englischer und französischer Sprache, Datenträger und Musiknoten.

Der Neubau am Ernst-Reuter-Platz mit rund 4.200 qm ist ein „offenes Haus" für alle Altersgruppen, das die Grundform eines aufgeschlagenen Buches mit Buchstütze hat.

### ♈ 10 Holbeinhaus

Vorderer Lech 20. Kunstverein Augsburg e.V.:
☎ 0151-15714978

An der Stelle des Hauses Vorderer Lech 20 stand bis zur Zerstörung 1944 das Wohnhaus der Künstlerfamilie Holbein. Hier lebten Hans Holbein d. Ä. (1465–1524) und seine beiden Söhne Ambrosius (1494–1519) und Hans d. J. (1496 Augsburg – 1543 London). Hans Holbein d. J. gilt als das bedeutendste Mit-

glied der Künstlerfamilie. Er wurde 1537 Hofmaler Heinrichs VIII. in England.

Bedeutende Werke von Hans Holbein d. Ä. sind u. a. in der Staatsgalerie Altdeutsche Gemälde (Eingang Schaezlerpalais) und im Augsburger Dom zu bewundern. – Die Stadt Augsburg hat das Holbeinhaus dem Kunstverein Augsburg überlassen. Regelmäßig finden hier wechselnde Ausstellungen zeitgenössischer Künstler statt.

### ⚑ 11  Fronhof

*Peutingerstraße; siehe auch Luther*

Der Fronhof umfasst den Bereich zwischen der früheren bischöflichen Residenz, dem Dom am Hohen Weg und der Peutingerstraße, wo der Platz durch das prachtvolle Hofgitter der Schüleschen Kattunfabrik (von Michael Endres, 1770) begrenzt wird.

Der älteste Teil der Bischofspfalz ist der 1507 errichtete Burggrafenturm am südlichen Fronhof. In einem Stübchen „hoch oben auf der Pfalz" hat im Jahr 1518 Albrecht Dürer den zum letzten Mal in Augsburg weilenden Kaiser Maximilian I. (1495–1519) gezeichnet.

Die Residenz wurde zwischen 1740 und 1752 barockisiert. Seit 1817 hat die Regierung von Schwaben hier ihren Sitz.

### ⚑ 12  SGL Arena

*www.fcaugsburg.de, an der B17,  Ausfahrt Haunstetten-Göggingen; Straßenbahn*

Die SGL Arena ist seit Sommer 2009 die neue Heimat des Fußballvereins FC Augsburg (FCA), der 2007 sein hundertjähriges Jubiläum feiern konnte und dessen Beliebtheit mit dem erstmaligen Aufstieg in die Bundesliga stark zugenommen hat.

Der Neubau des Fußballstadions, das den Namen SGL Arena trägt, steht an der B17, Ausfahrt Haunstetten-Göggingen, erreichbar auch mit der Straßenbahn. Es bietet im ersten Bauabschnitt 31.000 Plätze, davon rund 11.000 Stehplätze.

Die Arena war 2011 der einzige bayerische Austragungsort der Frauen-Fußball-Weltmeisterschaft.

### ⚑ 13  Curt-Frenzel-Eisstadion

*Senkelbachstr. 2, ☎ 324-9755*

Das Kunsteisstadion trägt den Namen des ehemaligen Herausgebers der „Augsburger Allgemeinen" und langjährigen Vorsitzenden des Augsburger Eislauf-Vereins. Es umfasst zwei Eisbahnen – davon eine überdacht – für alle Eissportarten. Im Curt-Frenzel-Eisstadion tragen die „Augsburger Panther" die Heimspiele in der Deutschen Eishockey-Liga (DEL) aus. Es stehen 7700 Zuschauerplätze zur Verfügung.

### ♟ 14  Messezentrum Augsburg/ Schwabenhalle

www.messeaugsburg.de

Das verkehrsgünstig gelegene Augsburger Messe- und Veranstaltungszentrum mit 57.000 m² Ausstellungsfläche wird dank seiner modernen Ausstattung und verkehrsgünstigen Lage vielfältig genutzt (Messen, Ausstellungen, Tagungen und Showveranstaltungen jeder Art).

### ♟ 15  Flughafen Augsburg- Mühlhausen

www.augsburg-airport.de

Der Verkehrsflughafen wurde im Juli 1968 eröffnet, nachdem der alte Werk- und Zivillandeplatz der Firma Messerschmitt im heutigen Universitätsviertel 1955 aufgelassen worden war.

Der Augsburger Flughafen liegt unmittelbar an der wichtigsten bayerischen Ost-West-Autobahn

## ♨ Natur in der Stadt

### ♨ 1  Lech und Lechkanäle

Der Lech legt knapp 19 km innerhalb des Augsburger Stadtgebietes zurück. Seine Ufer und Kiesbänke bieten im Sommer beliebte Erholungsmöglichkeiten.

Historisch war die Nutzung der Wasserkraft aus Lech und Wertach für die Entwicklung Augsburgs von großer Bedeutung. Die Lechkanäle, die die Altstadt und die anschließenden Stadtteile durchfließen, haben ihren Ursprung in alten Flussrinnsalen. Im Norden der Stadt vereinigen sich die Kanäle, und das Wasser fließt wieder in den Lech.

Bereits für das 10. Jahrhundert sind am heutigen Vorderen Lech vier Mühlen nachgewiesen. 1761 gab es 93 Werke mit 163 Wasserrädern, und 63 Mühlen wurden betrieben.

## 2 Botanischer Garten

Dr.-Ziegenspeck-Weg 10. Geöffnet: täglich ab 9 Uhr; Schließung je nach Jahreszeit zwischen 17 und 21 Uhr. Erreichbar mit Omnibuslinie 32. ℂ 324-6038.

Im nördlichen Bereich des Siebentischwalds wurde 1936 ein Botanischer Garten angelegt und für die Öffentlichkeit zugänglich gemacht. Die Anlage wurde aus Anlass des 2000-jährigen Stadtjubiläums vergrößert und neu gestaltet.

Auf 10 Hektar bietet der Botanische Garten Augsburg dem Besucher vielfältige Staudenanlagen, prächtige Sommerblumen, fernöstliche Gartenkultur im Japangarten, einen Rosen- und Musikgarten, den beliebten Apotheker- und Bauerngarten und einen großen Spielplatz.

Zahlreiche Veranstaltungen von Konzerten bis hin zu Tipps für Gartenfreunde finden das ganze Jahr über statt.

## 3 Zoologischer Garten

Brehmplatz 1. Öffnungszeiten: täglich ab 9:00 Uhr, November bis Februar geöffnet bis 16:30 Uhr, im März und Oktober bis 17 Uhr, im April/Mai sowie September bis 18:00 Uhr, Juni/Juli/August bis 18:30 Uhr www.zoo-augsburg.de, ℂ 55 50 31.

Der erste öffentliche Tierpark in Deutschland war von der Familie Fugger bereits um 1550 in der Augsburger Jakobervorstadt eingerichtet worden.

Man zeigte Säugetiere und Vögel aus Europa, Afrika, Süd- und Mittelamerika. Im Augsburger Zoo werden heute über 2000 Tiere aus aller Welt gezeigt, vom Kolibri bis zum Elefanten. Darüber hinaus gibt es den Streichelzoo „Kinderland" mit einer Mini-Eisenbahn, Pony-Kutschfahrten, Robbenfütterungen, Kindergeburtstage, geführte Rundgänge und vieles mehr. Zahlreiche Um- und Neubauten in letzter Zeit machen den Zoo für Besucher noch attraktiver. Zu einem neuen Publikumsrenner wurden die Abendführungen.

## 4 Kuhsee

Der Kuhsee, ein künstliches Seebecken von ca. 15 ha Wasserfläche und einer Tiefe bis 5 m, entstand aus bestehenden Altwasserarmen beim Bau der Hochwasserdämme für den Lech in den Jahren 1970 bis 1972. Das Badegewässer ist von Liegewiesen, Spielplätzen und einem Freizeitgelände umgeben.

Im Winter ist der zugefrorene See ein beliebter Platz zum Schlittschuhlaufen.

### ⚓ 6 Hochablass, Kanu-Slalom

Der „Hochablass", ein großes Lechwehr mit einer Floßgasse, wurde 1346 erstmals erwähnt. Nach einem Hochwasser wurde 1911/12 die heutige Stahlbetonanlage errichtet. Zwei Denkmalsfiguren am westlichen Brückenkopf, der „Flößer" und die „Spinnerin" mit Spindel, Füllhorn und Turbinenrad, symbolisieren die Bedeutung des Wassers.

Für die Olympischen Sommerspiele 1972 in München wurde beim „Hochablass" das bislang einzige Kanu-Slalom-Stadion in Deutschland mit Tribünen für 24.000 Zuschauer erbaut. Die Strecke ist rund 600 m lang und hat ein Gefälle von rund 4,5 m; die Wassergeschwindigkeit beträgt 3–6 m/s.

An der Olympiastrecke steht auch das Bundesleistungszentrum für Kanuslalom und Wildwasser. Die gesamte Anlage wird für nationale und internationale Wettbewerbe genutzt.

Im früheren Presseturm wurde ein Kanumuseum eingerichtet.

### ⚓ 7 Siebentischwald

Der Siebentischwald, der fast an die Stadtmitte heranreicht, ist für die Augsburger das wichtigste Naherholungsgebiet. Er lädt zu ausgedehnten Spaziergängen und Radwanderungen ein. Sein Name geht auf eine frühere Bierschenke mit sieben Tischen zurück.

## ☙ Ausflüge in die Umgebung

### ☙ 1 LEGOLAND bei Günzburg

LEGOLAND-Allee, 89312 Günzburg. Ab Mitte März bis Anfang November 10–18 Uhr geöffnet, länger an Wochenenden, Ferienterminen und Feiertagen. www.legoland.de, ☎ 08221/700700

Im Mai 2002 eröffnete das Legoland bei Günzburg und zieht jährlich rund 1,3

Mio. Besucher an. 50 Mio. Legosteine wurden für den Freizeitpark verbaut – das vierte Legoland weltweit und das einzige in Deutschland. Acht ausgeklügelte Themenbereiche erwarten den Besucher und regen Spieltrieb, Phantasie und Kreativität an.

### ☙ 2 Sisi-Museum Unterwittelsbach

bei Aichach, im „Wittelsbacher Land". www.aichach.de

Herzog Max von Bayern, der Vater der Kaiserin Elisabeth von Österreich, er-

warb 1838 das kleine Jagdschloss in einem großen Jagdrevier. Sisi verlebte hier einige Kindheitstage. In den Sommermonaten finden Ausstellungen im Schloss statt, die sich zu einem echten Publikumsmagneten entwickelt haben. Seit 2002 ist das Wasserschloss, das heute im Besitz der Stadt Aichach ist, Ausgangspunkt einer neuen Ferienstraße von Bayern über Österreich bis nach Gödöllö in Ungarn und bis Triest in Italien.

### ✈ 3   Abtei und Schwäbisches Volkskundemuseum Oberschönenfeld

86459 Gessertshausen. Museum geöffnet: Di–So 10–17 Uhr. ☏ (08238) 3001-0. www.schwaebisches-volkskundemuseum.de

Inmitten des Naturparks Augsburg Westliche Wälder, ca. 20 km südwestlich von Augsburg, liegt die Zisterzienserinnenabtei Oberschönenfeld. Von 1690 bis 1763 entstand die reizvolle Architektur der barocken Klosteranlage.
In den ehemaligen Ökonomiebauten wurde seit 1984 unter der Trägerschaft des Bezirks Schwaben das Schwäbische Volkskundemuseum eingerichtet.
Ein vollständig eingerichtetes, strohgedecktes Kleinbauernhaus aus der umgebenden Landschaft der „Stauden"

wird vom Heimatverein für den Landkreis Augsburg betreut.

### ✈ 4   Western-City Dasing

an der Autobahn A8, Ausfahrt Dasing, B 300 Geöffnet Mo-So 10-18 Uhr. www.western-city.de

Der Reiterhof in Dasing wurde 1979 von Fred Rai zur Western-Stadt ausgebaut. Seit langem ist die Western-City als Erlebnispark mit interessanten und auch lehrreichen Shows ein beliebtes Ausflugsziel für Familien, Vereine, Schulen, Betriebe und Ferienprogramme. Seit 2005 werden im Sommer die Süddeutschen Karl May-Festspiele in der Festspielarena aufgeführt.

### ✈ 5   Kaltenberger Ritterturnier

Kaltenberg liegt zwischen Klosterlechfeld und Geltendorf, nahe A96 www.ritterturnier.de

Jeweils im Juli findet das Kaltenberger Ritterturnier statt, ursprünglich angeregt durch eine englische Rittersportgruppe.
Das 1292 zum ersten Mal urkundlich erwähnte Schloss auf dem bewaldeten keltischen Berg schien für diese Idee wie geschaffen.
Zentraler Schauplatz ist die Sand-Arena mit der Königsloge, unterhalb des Biergartens. Die wagemutigen Cascadeurs Associés aus Frankreich, seit 1983 dabei, reiten und fechten wie die Teufel und sind längst zu einer festen Institution geworden.
Heute umgibt den Turnierplatz ein Markt mit Artisten, Gauklern, Handwerkern, Spielleuten, Quacksalbern, Narren, Raubrittern und vielen anderen Künstlern. Es ist inzwischen das größte Ritterturnier der Welt.

# Stadtgeschichte seit 15 v. Chr.

15 v. Chr. Drusus und Tiberius, Stiefsöhne des Kaisers Augustus, erobern einen Teil des Voralpenlandes und besiegen die Raeter und Vindeliker, die auf dem Gebiet der heutigen Stadt ansässig waren. Die Römer errichten zwischen Lech und Wertach ein Militärlager.

1. Jh. n. Chr. Zur Zeit des Kaisers Tiberius (14–37 n. Chr.) wird die römische Zivilsiedlung gegründet: „Augusta Vindelicum".

304 Christenverfolgungen durch Kaiser Diokletian; Afra, die spätere Heilige, erleidet den Märtyrertod.

955 Am 8./9. August schließen die Ungarn Augsburg ein. Unter Bischof Ulrich (923–973) wird das Augsburger Gebiet verteidigt. 10. August Schlacht auf dem Lechfeld.

1152/1154 Kaiser Friedrich Barbarossa hält Hoftage ab.

1156 Erstes Augsburger Stadtrecht durch Kaiser Friedrich I.

1367 Im Augsburger Steuerbuch erscheint erstmals der Name Fugger.

1432 Hochzeit des Wittelsbacher Herzogs Albrecht III. mit der Augsburger Baderstochter Agnes Bernauer, die 1435 auf Befehl ihres Schwiegervaters Herzog Ernst als Hexe in der Donau bei Straubing ertränkt.

1459–1525 Jakob Fugger der Reiche.

1465–1524 Hans Holbein d. Ä.

1465–1547 Konrad Peutinger.

1473 Die Brüder Bartholomäus, Jakob, Lukas und Ulrich Welser gründen eine Handelsgesellschaft.

1473–1531 Hans Burgkmair.

1473/1474 Reichstag mit Kaiser Friedrich III. und seinem Sohn Erzherzog Maximilian.

1511 Martin Luther in Augsburg.

1516 Baubeginn der Fuggerei.

1518 Reichstag unter Kaiser Maximilian I.
12.–14. Okt. Martin Luther wird von Kardinal Cajetan, dem Abgesandten des Papstes, wegen seiner 95 Thesen verhört.

1519 Die Wahl Kaiser Karls V. wird mit 543.585 Gulden von den Fuggern und 143.333 Gulden von den Welsern finanziert.

1530 Reichstag unter Kaiser Karl V., Verlesung der Confessio Augustana (CA), des „Augsburger Bekenntnisses".

1555 Reichstag unter König Ferdinand. Augsburger Religionsfrieden: Die gemischtkonfessionellen Reichsstädte sollen beide Konfessionen nebeneinander zulassen.
Augsburg hat 35.000 Einwohner, davon sind 90 Prozent evangelisch.

1573–1646 Elias Holl, Augsburgs bedeutendster Stadtbaumeister.

1600 Über 2000 Weberwerkstätten

1618–48 Dreißigjähriger Krieg

1632–1634 König Gustav Adolf von Schweden nimmt kampflos die Stadt ein.

1634/35 Bayerische und kaiserliche Truppen schließen die Stadt ein.
Schwere Hungersnot.

1648 Westfälischer Frieden – Augsburger Parität.

1650 Am 8. August wird erstmals das Hohe Augsburger Friedensfest gefeiert.

1719 Leopold Mozart wird geboren.

1730/35 In Augsburg wirken 61 Kupferstecher, 23 Kunstverleger und 275 Silber- und Goldschmiede.

1763/1766 Leopold Mozart mit seinen Wunderkindern Wolfgang Amadé und Nannerl in Augsburg.

1770–1772 Johann Heinrich Schüle baut die erste Fabrik auf dem Kontinent zur Herstellung von Kattun.

1777 Wolfgang Amadé Mozart konzertiert u. a. im Fuggerhaus.

1790 Goethe in Augsburg.

1802/1803 Säkularisation: Aufhebung sämtlicher geistlicher Staaten und aller Klöster unter Einziehung ihres Vermögens.

1802–1858 Johann Moritz Rugendas, bedeutender Reisemaler, Begleiter Humboldts.

1806 Augsburg verliert seine Reichsfreiheit und fällt an Bayern.

1809 Napoleon I. in Augsburg.

1836 Gründung der Augsburger Kammgarnspinnerei (AKS), der ältesten Kammgarnspinnerei Bayerns.

1840 Bau der Eisenbahnstrecke Augsburg-München.

1898 Bertolt Brecht wird geboren.

1905 Der amerikanische Präsident Franklin Roosevelt in Augsburg.

1918 Die Berliner Rumplerwerke, 1908 als erste deutsche Flugzeugfabrik gegründet, werden nach Augsburg verlegt.

1919 Der bayerische Ministerpräsident Kurt Eisner in Augsburg. Ausrufung der Räterepublik. Heftige Kämpfe beim Einmarsch der „Weißen Truppen".

1931 Prof. Auguste Piccard startet mit einem Riedinger-Freiballon zu einem Stratosphärenflug bis auf 15.781 m.

1933 Mit nur einem Drittel der Stimmen übernimmt die NSDAP den Augsburger Stadtrat.

1937 Adolf Hitler bei der 15-Jahr-Feier der NSDAP in Augsburg.

1938 „Reichskristallnacht". Schändung der Synagoge.

1944 Februar: Luftangriff auf Augsburg mit schweren Zerstörungen.

1945 Schwerer Tagesluftangriff. Die Stadt wurde zu 50 Prozent zerstört.

1970 Universität Augsburg gegründet.

1972 Olympische Spiele in München; Augsburg ist Austragungsort des ersten olympischen Kanu-Slaloms.

1985 2000-Jahr-Feier der Stadt Augsburg.

1995 Erstmalige Verleihung des Bert-Brecht-Preises der Stadt Augsburg.

1999 Unterzeichnung der „Gemeinsamen Erklärung zur Rechtfertigungslehre" durch Edward Kardinal Cassidy, päpstlicher Rat zur Förderung der Einheit der Christen, und Landesbischof Christian Krause, Präsident des Lutherischen Weltbundes.

2005 Feiern aus Anlass der 450. Wiederkehr des Augsburger Religionsfriedens am 25. September mit Bundespräsident Horst Köhler.

2008 150. Geburtstag von Rudolf Diesel, dem Erfinder des 1897 in Augsburg vorgestellten Dieselmotors.

2008 Ausstellung „Zarensilber – Augsburger Silber aus dem Moskauer Kreml".

2009 550. Geburtstag von Jakob Fugger

Augsburg ist nach München und Nürnberg die **drittgrößte Stadt Bayerns**.

Augsburg liegt an der 350 km langen „**Romantischen Straße**", die von Würzburg nach Füssen führt.

In Augsburg kreuzen sich die **Autobahn** München–Stuttgart (A 8) und die Bundesstraßen 2, 10, 17 und 300.

Zur 2000-Jahr-Feier hat die Stadt einen „**Augsburger Friedenspreis**" gestiftet, der an Persönlichkeiten vergeben wird, die sich um die Ökumene besonders verdient gemacht haben.

Augsburg ist eine zukunftsorientierte **Wirtschaftsmetropole** mit leistungsstarker Handwerkstradition. Hightech-Produkte aus Augsburg werden in alle Welt exportiert – darunter Roboter, Umwelttechnik (Katalysatoren), modernste Dieselmotoren und Druckmaschinen, Luft- und Raumfahrttechnik.

Augsburg ist ein erfolgreicher **Messeplatz** sowie Tagungs- und Veranstaltungsort. Das Augsburger **Messezentrum** bietet auf insgesamt 57.000 qm Ausstellungsfläche Raum für Fach- und Publikumsmessen ebenso wie für Großveranstaltungen.

Die **Hochschule für Angewandte Wissenschaften** hat ebenso wie die **Universität** Augsburg derzeit sieben Fakultäten. Eine einzigartige wissenschaftliche Sammlung birgt die **Staats- und Stadtbibliothek**, eine seit 1537 bestehende Stadt- und Regionalbibliothek.

Augsburg besitzt eines der reichsten deutschen **Stadtarchive** mit Urkunden bis ins frühe Mittelalter.

Augsburg bietet ein sehr breites Angebot an **Sportarten** mit Großstadien für Fußball und Eishockey. Zur Olympiade von 1972 wurde das erste künstliche **Kanuslalomstadion** mit 25.000 Plätzen gebaut.

Im Stadtgebiet liegen viele Park- und Grünanlagen. Im **Siebentischwald** befinden sich der **Botanische Garten** und der **Zoo** mit etwa 2000 Tieren.

Die **schwäbische Küche** rühmte schon Goethe im 6. Gesang seines „Reineke Fuchs". Die bekannteste **Augsburger Spezialität** ist der „Zwetschgendatschi", ein Hefeteig-Blechkuchen mit Zwetschgen eng belegt und mit Zimtzucker bestreut. Mehrere Augsburger Brauereien sorgen dafür, dass jeder Durst gelöscht werden kann.

# Augsburger Stammdaten

| | |
|---|---|
| Bundesland | Bayern |
| Regierungsbezirk | Schwaben |
| Kfz-Kennzeichen | A |
| Telefonvorwahl | 0821 |
| Postleitzahlenbereiche | 86150-86199 |
| Geografische Lage | 48°21'0" n.Br. |
| | 10°52'20" ö.L. |
| Höchster Punkt (Bergheim) | 561 m |
| Tiefster Punkt (Lechaustritt) | 446 m |
| Jahresdurchschnittstemperatur | 8,4 °C |
| Niederschlagsmenge pro Jahr | 850 mm |
| Gesamtfläche des Stadtgebiets | 14.687,83 ha |
| Länge der Stadtgrenze | 78,0 km |
| größte Nord-Süd-Ausdehnung | 23,0 km |
| größte Ost-West-Ausdehnung | 14,5 km |
| Einwohner (zum 01.01.2008) | 267.836 |
| davon mit Hauptwohnsitz | 264.265 |
| Ausländeranteil | 16,1 % |

**Höchste Bauwerke:**

| | |
|---|---|
| Kirchturm St. Ulrich | 93 m |
| Perlachturm | 70 m |
| Hotelturm | 107 m |

**Flüsse, Bäche und Kanäle im Stadtgebiet:**

| | |
|---|---|
| Lech | 19,9 km |
| Wertach | 13,1 km |
| Singold | 6,2 km |
| 29 Lechkanäle | 77,7 km |
| 4 Wertachkanäle | 11,6 km |
| 19 Bäche | 45,6 km |
| Länge insgesamt: | 173,2 km |

**Feste:**

| | |
|---|---|
| Ostern und Herbst | Volksfest „Plärrer" |
| | + Jahrmarkt „Dult" |
| 8. August Feiertag | Hohes Friedens- |
| | fest |
| 29. September | Turamichele am |
| | Perlachturm |
| Dezember | Christkindles- |
| | markt |

| **Städtepartnerschaften** | **seit:** |
|---|---|
| Inverness/Schottland | 1956 |
| Amagasaki und Nagahama/Japan | 1959 |
| Dayton/Ohio, USA | 1964 |
| Bourges/Frankreich | 1967 |
| Liberec/Tschechien | 2001 |
| Jinan/China | 2004 |

Augsburg und seine Partnerstädte
Inverness — Schottland 1956
Nagahama — Japan 1959
Amagasaki — Japan 1959
Dayton — USA 1964
Bourges — Frankreich 1967
Liberec/Reichenberg — Tschechien 2001
Jinan — China 2004

# Stadtpläne

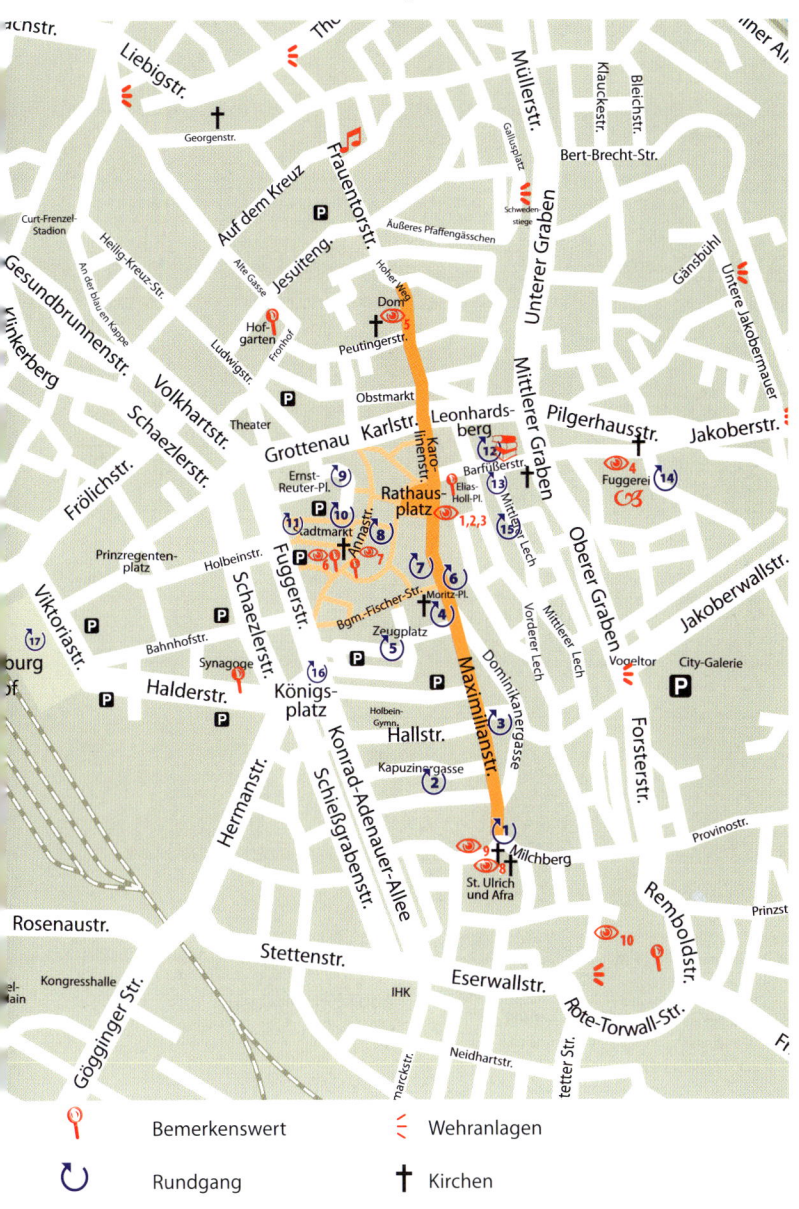

Bemerkenswert

Wehranlagen

Rundgang

Kirchen

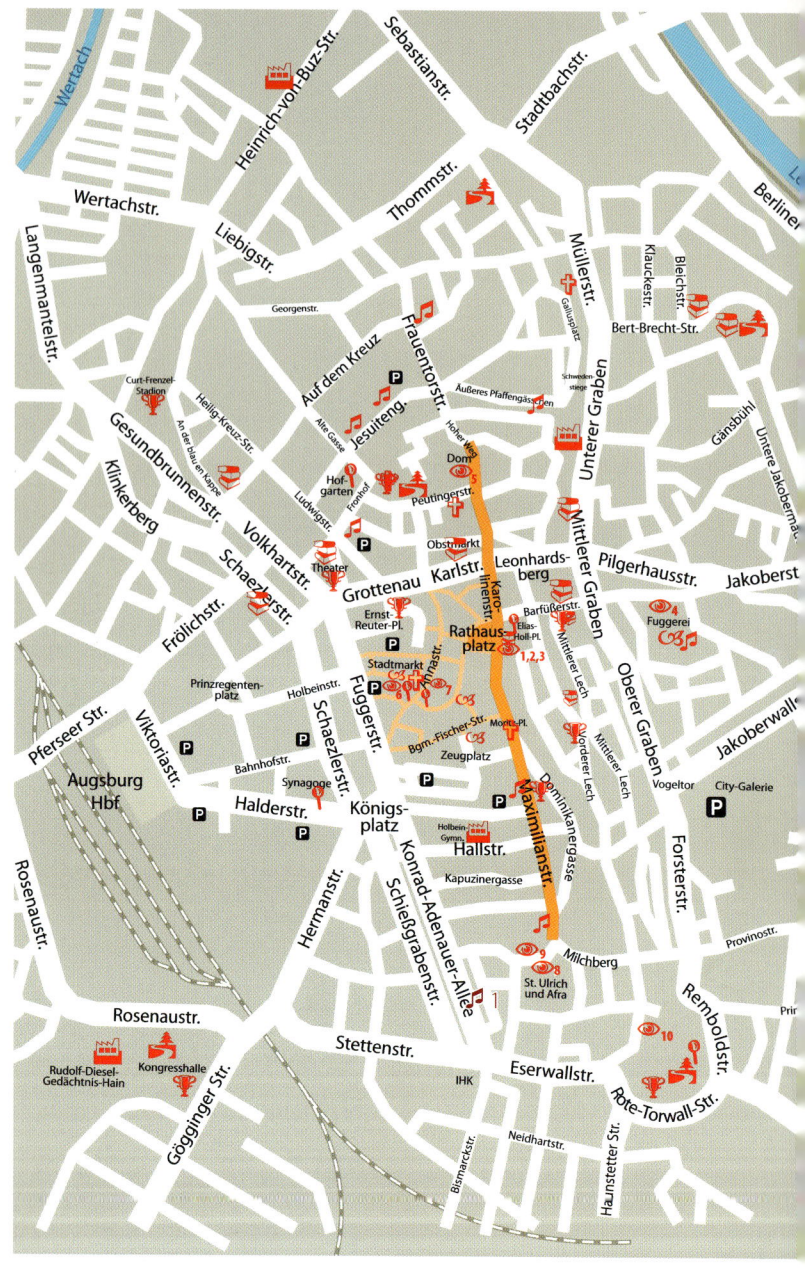

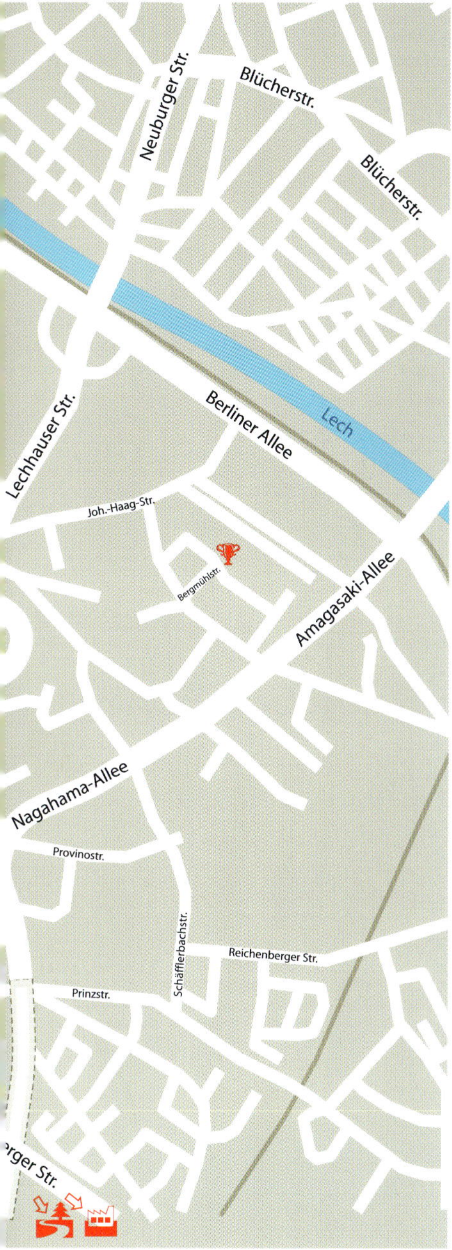


Mozart

Brecht

Luther

Fugger

Rudolf Diesel

Wehranlagen

Kultur und Sport

Natur in der Stadt

Ausflüge in die Umgebung

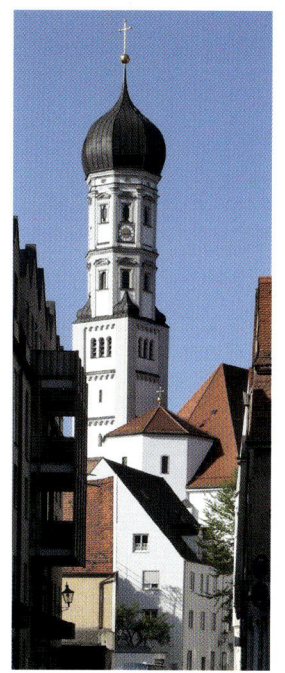